品文学之大美　悟历史之哲思

全景插图版

Queen Victoria

维多利亚女王传

[美] 格蕾丝 · 格林伍德　著

赵秀兰　译

世界知识出版社

图书在版编目(CIP)数据

维多利亚女王传：全景插图版/（美）格蕾丝·格林伍德著；赵秀兰译. —北京：世界知识出版社，2017.9（2020. 9 重印）

（大师名传译丛 / 李飞主编）

ISBN 978-7-5012-5557-3

Ⅰ. ①维… Ⅱ. ①格… ②赵… Ⅲ. ①维多利亚女王（Victria 1819-1901）—传记 Ⅳ. ①K835.617=43

中国版本图书馆CIP数据核字（2017）第197082号

责任编辑　余　岚　　刘　喆
责任出版　王勇刚
责任校对　马莉娜

书　　名　维多利亚女王传（全景插图版）
Weiduoliya Nüwang Zhuan (Quanjing Chatu Ban)

作　　者　[美] 格蕾丝·格林伍德
译　　者　赵秀兰
选题策划　盛世荟章
插图供应　029—89257605
出版发行　世界知识出版社
地址邮编　北京市东城区干面胡同51号（100010）
网　　址　www.ishizhi.cn
电　　话　010-65265923（发行）　010-85119023（邮购）
经　　销　新华书店
印　　刷　天津兴湘印务有限公司
开本印张　880×1230毫米　1/32　14½印张
字　　数　267千字
版次印次　2018年4月第一版　　2020 年 9 月第二次印刷
标准书号　ISBN 978-7-5012-5557-3
定　　价　118.00元

Queen Victoria
维多利亚女王传

出版说明

《维多利亚女王传》是与维多利亚女王同时代的美国著名女作家萨拉·简·利平科特（笔名格蕾丝·格林伍德）影响力最大的作品。为了使读者全面了解这本传记，特作如下说明：

一、关于版本。据不完全统计，《维多利亚女王传》的英文版迄今已超过了60个。其中，以多森兄弟出版公司出版的版本最具代表性和权威性。为了确保原汁原味，本书正是采用该版翻译而成。

二、关于作者对传主的评价。由于作者与传主为同时代的人物，身处不同的国度，所能获得的资料也有限，特别是作者写作这本传记的选角，作者对传主的个人情感，使得本书对传主的评价是否全面，是否客观公正，是否精准，都见仁见智。作者的观点和情感当然也不代表出版方对传主的评价，出版方选择出版此书，盖因其文笔婉丽、感情真挚以及在美国和西欧国家曾产生的巨大影响。

三、关于全景插图。全景插图是指全方位、多层次、宽视角反映当时重大历史事件、或与事件的场景或情景密切相关的，涉及政治、军事、经济、社会、外交、人物、地理、民俗、生活等方面的绘画作品或摄影作品。全景插图与文字结合，赋予文字视觉的艺术，增加了文字的内涵，使书不仅是文字的集合，更是艺术的融合。于是，书不单是书了，而且是艺术，是缤纷多彩、赏心悦目的珍品。我们希望，通过品鉴全景插图的艺术之美，读者能获得一种不是穿越胜似穿越的强烈体验，从而更好更直观地观察维多利亚女王及其时代。

四、关于注释。为了确保内容的正确性、权威性，该书策划者进行了大量的考证工作。考证的结果以数十处注释的形式体现。

五、关于译者。本书为著名学者、翻译家、西北师范大学赵秀兰教授呕心沥血，费时一年余翻译而成。赵秀兰教授治学严谨，译笔优美，为确保本书的质量奉献良多。在此，深表敬意。

尽管出版前我们做了许多工作，但不足之处实难避免，欢迎读者朋友多提宝贵意见。

译者序

本书的作者是格蕾丝·格林伍德（Grace Greenwood）。格蕾丝·格林伍德是美国著名作家、诗人萨拉·简·利平科特（Sara Jane Lippincott，1823—1904）的笔名，她是第一批进入国会新闻长廊的女性之一。格蕾丝·格林伍德最初的作品是诗歌和儿童故事。1844年，她21岁，在《纽约镜报》发表了一首诗，引起了广泛关注。此后，她同时用本名和笔名写作。作品经常发表在当时读者众多的杂志上。她与埃德加·爱伦·坡、玛格丽特·富勒和拉尔夫·沃尔多·爱默生等人一起成为纽约文学协会的杰出成员。格蕾丝·格林伍德著述颇丰，作品主要有诗集、短篇小说和传记等。格蕾丝·格林伍德还是一名非常受人尊敬的记者，一贯主张改革妇女的角色和权利。本书是作者的代表作，1883年在美国出版后，立刻引起轰动，数不尽的美国人陶醉在作者描绘的婉约深情的意境中，为一代至尊维多利亚女王与阿尔伯特亲王的伟大爱情泪湿红袖，为绚烂辉煌的维多利亚女王时代举起酒杯……

我们深知阅读历史的重要性。17世纪英国哲学家弗朗西斯·培根在《论读书》中说："读史使人明智。"人物传记是遵循真实性原则，用形象化的方法记述人物的生活经历、精神风貌的叙事性文体。英国作家托马斯·卡莱尔指出："历史是无数传记的结晶。"美国超验主义者拉尔夫·沃尔多·爱默生说："确切地说，没有历史，只有传记。"可见，传记具有独特的文学价值、史学价值和教育功能。

《维多利亚女王传》是作者在各种史料、相关当事人口述的回忆以及《泰晤士报》等多家权威报纸报道的基础上，通过精心的选择性的编排，最终创作而成。其中穿插着作者对日不落帝国全盛时期的伟大君主维多利亚女王的某些情感、想象或者推断。

那么在这本书中，读者能看到一个怎样的维多利亚女王，一个怎样的维多利亚女王时代呢？你会看到那么多叱咤风云的人物纷纷登场，听到那么多嘹亮的军号时断时续地吹响；你不仅能感受到世俗斗争的残酷，还能体会到人情的温暖；你不会在活泼的语言中觉察到沉重的冷漠，而会在鲜活的情节面前变得神采飞扬……总之，你会看到一个有血有肉、缤纷多彩的维多利亚女王时代。这个时代，第一次工业革命在英国完成，第二次工业革命在全世界方兴未艾，英国成为世界上最大的经济体；

这个时代，科学发明层出不穷，文学流派异彩纷呈，艺术界群星璀璨。挥墨至此，维多利亚女王的形象由模糊变得清晰，那个1819年5月24日带着天使的眼泪呱呱坠地的婴儿，那个肤如凝脂、云鬓花颜的美少女，那个娇艳如花、含羞似火的新娘，那个日理万机、相夫教子的女士，那个虽饱经风霜犹豁达开朗的老妪……一如我初译此书时的感受一样！我这是怎么了？为什么我的耳畔有恭迎她去温莎继承大统的急促的敲门声在回荡？为什么我的眼前有她的爱犬达什的身影在晃动？甚至她那些两鬓染霜的老臣都隐约来到了我的身旁。个中原因，实难尽述；言我深情，意犹无穷。也许在某个黄昏雨后或者万山红遍时，我会恍然大悟。

读这本书你会读到至尊的爱情。一代女王与一位德国王子的20余年相守。幸福有多少？我很难找到合适的“量”。但当翻译到——“当（阿尔伯特亲王）那双暗淡无光的眼睛闭上后，女王平静地站起来，彬彬有礼地感谢在场的医生。她说，她知道他们用尽了一切办法来挽救她的丈夫，但上帝还是将他带走了。然后，她笔直地走出了那间屋子，悲伤地回到她的房间，并把自己关在里面，让她的灵魂与上帝单独待在一起，从此她的心永远孤独”，我竟然无语凝噎。原来，从前有多幸福，今日就有多悲伤、孤独！

读这本书你会读到女王的大爱至善。“西班牙联姻”

事件中，女王被好友法王路易·菲利普深深地伤害了。1848年法国爆发革命，路易·菲利普失国流亡，女王却不计前嫌，欣然接纳了他。

此刻，看着眼前厚厚的一摞译稿，我情不自禁地叹息起来。此时此刻，我多么想与几个读者来一次“芬芳四溢”的交流。因为这书写得实在是好，所以需要最雅的花香和茶香来搭配。那就先去琉璃世界访得红梅来，再去白云深处请得仙毫来，最后读者诸君啊，许我娓娓道来，并随我一起来到青石斑驳的肯辛顿宫门口，看看那墙外的芳草，听听那墙里的欢笑……

赵秀兰
2017年10月1日
西北师范大学

敬献

致纽顿·克罗斯兰夫人卡米拉·图尔敏：

我亲爱的朋友，为了纪念过去的美好时光，请允许我将这本不完美的《维多利亚女王传》献给你。

在我看来，那时的世界比现在更明亮、更美丽，事物也总是令人更愉快。

那时的书写得更好，尤其是传记，虽然面世的数量很少。那时的读者“很温柔”，批评家“很宽容”。那时，现实主义还没挤进艺术。那时，有老派的优秀演员，如麦克里迪和老布斯，海伦·福西特和夏洛特·库什曼。那时，有真正的演说家，如丹尼尔·奥康奈尔和丹尼尔·韦伯斯特。那时，生活中存在更多的诗意与浪漫。

那时，缝一件外套用的丝绸比现在要少，而且软帽就是软帽。

那时，没有这么多的东风与雾，有的是更多的月光与阳光。那时，茂盛的山楂树的气味在早晨更加香甜，夜莺的歌声在暮色中更加悠扬。

一言蔽之，那时，你、我以及光荣的维多利亚时代都很“年轻”。

格蕾丝·格林伍德
于布莱克西斯公园的林顿洛奇酒店

原序

这本书快要付梓时，我变得顾虑重重了，因为它不是我想要的样子；如果我能有更多的时间来写，那就好了。我发现，要想获得维多利亚女王早年生活的资料，实在太困难了，但年轻的读者偏偏对这段历史更感兴趣。我耽误了许多时间，结果用于搜集资料、挑选素材和进行写作的时间已经不足3个月了。那段时间，我的工作常常被打断——最令我沮丧的是，我患上了严重的眼疾。我心里明镜似的，这本书是以一种轻松明快的风格写成的，一方面是因为这样写起来非常自然，另一方面是因为我从事新闻工作多年，已经练就了这种文风。我用这种文风来为女王立传，可能会令人吃惊，至少我的英国读者会这样。我写的是一本愉快而简单的炉边故事，故事是关于维多利亚女王的生活与统治的。我希望自己写得不会太糟。美中不足的是，我没有与王室关系密切的朋友，因此没人向我提供关于女王的可靠的、未公开的个人逸事。

我引用了几位英国作家的研究成果。首先是女王本人的两本书：《我们的高地生活日记》与《亲王的早年生活》。其次是西奥多·马丁爵士的《阿尔伯特亲王传》。西奥多·马丁爵士慷慨地允许我引用书中的材料。我非常感激贾斯汀·麦卡锡议员和他的著作《我们这个时代的历史》。此外，各种汇编的资料以及罗纳德·高尔勋爵的《回忆录》都令我受益匪浅。

很久以来，我觉得如果用一种平实的语气讲述英国女王——作为女儿、妻子、母亲和英国国家元首——一生的精彩故事的话，就会愉悦和净化年轻的女同胞的心灵。尽管我是个美国共和党人，但我在写这本书时，仍然对英国王室敬佩之至。我甚至爱上了几个王室成员，但我没有爱上王室。我想，虽然王室构成了王室成员高贵的前提条件，但他们要想维护王室的高贵，就必须不断努力——像维多利亚女王那样努力，像阿尔伯特亲王那样努力——因为我发现这个“无可指摘的亲王”说：“在我看来，只有君主不断完善个人性格，才有可能提高王室的魅力。”

君主立宪制是限制君权的，它“非常适合”英国。英国王室看起来那么可敬、辉煌。我希望阿尔伯特亲王为后世树立好国王的榜样——他出生在革命年代，在不相信君权神授和不承认长子继承权的氛围中长大。君主立宪制不适合我们美国。在我们看来，君主立宪制是一

罗纳德·高尔勋爵的画像（亨利·斯科特·图克绘，1897 年）

种原始的、违背自然规律的制度。除英国外，再也找不到这种制度了，即使在新时代的野生动物王国也找不到。的确，水牛群存在类似于国王的指挥官，它像有血有肉的火车头一样勇往直前；野马群有首领，它跑在最前面，那迎风飞扬的长鬃就像旗帜一般；就连大批飞起来遮天蔽日的候鸟群都有头鸟，但它们并非天生的领袖，而是因为它们的意志更坚强，智慧更超群，所以经推选成了领袖。另外，昆虫界也提供了一些实行君主制的例证，如聪明的蜜蜂、勇敢的黄蜂，但它们的君主是女王。

格蕾丝·格林伍德

1883 年 10 月 20 日于伦敦

目录

CONTENTS

Queen Victoria

第一章 夏洛特公主

精彩看点

夏洛特公主的简介——夏洛特公主对母亲的爱——奇闻逸事——快乐的少女时代——与利奥波德王子的婚姻——克莱蒙特的美好生活——来自科堡的启蒙者斯托克马男爵——夏洛特公主逝世

在我看来，要想全面叙述维多利亚女王的一生，就必须首先简要地介绍她的堂姐——夏洛特公主。倘若夏洛特还活着，英国女王本应是她。在很多方面，她都是维多利亚的榜样。威尔士的夏洛特·奥古斯塔，这朵诞生在无爱婚姻中的奇迹之花，在腐败宫廷中的险恶争斗和无耻阴谋下，慢慢成长为一个高贵仁慈的少女。她的美德与优雅，她的勇气、坦诚与无畏，在忠诚的臣民心中留下深刻印象，为年轻貌美的维多利亚在她逝世二十一年后登上王位铺平了道路。

在夏洛特公主光辉灿烂的一生中——从美好的童年到璀璨的成年，英国臣民都自豪地将她视为未来的君主。他们忍受着可怜的老国王——她忧郁疯狂的祖父，以及她那担任摄政王的父亲的可耻行为，期望在一个优秀的女人的统治下变得越来越幸福、美好。然而，随着她的薨逝，所有的希望都沉寂了，流逝于黑暗与沉默中。于是他们自然而然地转向了可以弥补这一遗憾的王室小女孩——维多利亚公主。一直以来，凡是女王统治英国，英国人民都能过上幸福美满的生活，因此，他们还是希望由一位女王来统治他们。

夏洛特公主是摄政王（即后来的乔治四世）与布朗斯维克的卡罗琳公主唯一的孩子。父母刻意的疏远让她的童年蒙上了阴影。她似乎特别爱她的母亲。她维护这个善良、古怪、鲁莽的女人的勇气和独立，这使她深受英国人民的爱戴。人民钦佩她的勇气以及她对母亲的孝顺。他们津津乐道她反叛威严的父亲与令人敬畏的祖母——夏洛特王后的故事。有一次，当她还是个顽皮的孩子时，她被禁止看望她那可怜的母亲，但她执意要去，王后就动粗阻止她。她奋力抵抗，撕坏了王后的帽子，跑出宫殿，跃上一辆马车，承诺给车夫一个畿尼后飞驰而去。很快，她就抵达母亲的住所，投入了母亲的怀抱。这个“马车故事”还有一个宫廷版本：公主要挣脱的不是王后，而是摄政王，所以她并没有撕坏王后的帽子。然而，当时的平民百姓更喜欢第一个版本，因为它更引人入胜。众所周知，老夏洛特王后是一位威严的祖母，人们普遍认为，对这种有着强烈尊严感的人而言，只有头顶王冠的国王和王后才获准出现在她面前。

当夏洛特公主还是小女孩的时候，她的性格和举止方面存在瑕疵。通常，她很和气，心地善良，富有同情心；偶尔，她会任性，冲动，反复无常，专横跋扈。那时一位女作家曾说：“她非常聪明，但现在她还是个顽皮的小女孩儿。她对我说过各种各样荒谬的想法，但只要她愿意，她立刻就会变得很有威严。”这位作家还提到，这个王室的小女孩喜欢跑来跑去地寻找她所需的物品，如一顶帽子、一本书或一把椅子；为此，她的随从们总是胆战心惊。一年夏天，她在乡间宅邸时，她甚至跑到大门口为访客开门，并像村姑一样向他们行屈膝礼。

阿尔比马尔勋爵是她童年时的玩伴，他的祖母是她的家庭教师。他说，有一次，他们和摄政王一起用午餐时，发现端上来的排骨烤坏了，原来夏洛特殿下屈尊去了厨房。令厨师惊愕的是，她坚持由她来烤排骨。阿尔比马尔勋爵还说，他孩子气地嘲笑了她的厨艺：“虽然你的厨艺很差，但你还是会成为一个聪明的女王，不是吗？”几年后，有一次，她乘着马车来给他的祖母请早安，看到一群被王室侍从吸引过来的人聚集在门前，她就从后门跑进去，然后绕到大门口。由于人们都不认识她，她就混在好奇的人群中，假装和他们一样渴望见到公主。

由于王室不允许母亲陪伴她，而父亲的陪伴不利于她的健康成长，所以人们很早就建议，并敦促公主以挑选丈夫名义选择一个伴侣兼顾问。王室从皇亲国戚中选中奥兰治王子，即后来的荷兰国王，为她的最佳伴侣，于是奥兰治王子来到英国求婚。但公主不喜欢他，以她一贯追求独立的风格，她拒绝了联姻，于是“这位年轻人悲伤地走了”。

公主的一位女仆曾说，在悲伤的王子前来辞行后的几分钟内，她看到，公主为了看王子最后一眼，走到窗口。公主望见王子走下宫殿前的台阶，跃上了马车。王子身穿红色的宫廷制服，头戴一顶插着一簇绿色羽毛的帽子，看起来英姿飒爽。女仆希望公主能够回心转意，答应王子的求婚。然而，公主转过身来，愉快地笑着说："他看起来多像个小萝卜啊！"她知道一切都结束了。有个奇怪的巧合：后来又有一位奥兰治王子，之后也成为荷兰国王，在追求维多利亚时亦未能如愿。

夏洛特的另一个追求者，是利奥波德，一位来自萨克森-科堡的和蔼可亲且能干的王子。利奥波德比较幸运，他赢得了公主的芳心，不仅给予她温柔的爱，而且很尊重她。他的坚定意志与温柔很快就俘获了心高气傲的公主的芳心；她变得越来越温柔，越来越理性，满足于通过她的女性魅力，而不是由她王室的名号和至高无上的地位来主宰他的心灵。他们于 1816 年 5 月举行了婚礼。浅尝了宫廷生活的喜悦之后，他们很快便移居克莱蒙特。现在，一位与利奥波德王子同姓的年轻的奥尔巴尼公爵居住在这所漂亮的乡村住宅里。在这里，这对年轻夫妇过着简朴的居家生活，培养他们的学习习惯，有条不紊地处理着商业和经济事务。他们总是相濡以沫，在工作和娱乐中度过快乐时光，他们一起学习法律和政治，一起欣赏音乐和素描，一起研究英国宪法，一起享受园艺带来的快乐。公主特别热爱园艺，亲自浇灌着她最喜欢的植物。

博学多才的斯托克马男爵是这对幸福的夫妻极重要的帮助者和支持者。斯托克马是早些年赐给利奥波德王子的私人医生，他是个罕见的好人，他们非常倚重他，后来，维多利亚和阿尔伯特以及他们的孩子们也是如此。事实上，男爵似乎一直是王子们永恒的支柱。从青少年到老年，他一直是两三个王室成员的重要“指导者、哲学家兼朋友”——科堡的导师，圭尔夫的圣贤。

总之，这对夫妇在克莱蒙特过着平静的生活，赢得了他们周围的人们对他们的爱与尊重，他们对彼此的感情也越来越亲密，直到这位年轻的妻子、孩子的母亲于1817年11月突然去世。这是个令人悲痛的日子，整个国家都沉浸在哀伤的气氛中。所有的人陷入悲痛，甚至远在千里之外的人，也真真切切地感受到这种强烈的悲痛。孩子又夭折了，这无疑是雪上加霜。人们对公主弥留之际的描述极其感人。当她被告知她的男婴已经夭折时，她说：“我为自己悲伤，也为英国人民悲伤，但首先，我为我亲爱的丈夫感到悲伤！”当王子离开她的床边时，她问医生她是否也会死。医生没有直接回答，只是说：“请保持冷静。”

“我知道那意味着什么，”她说。然后，她补充道：“请告诉我丈夫，请谨慎轻柔地告诉我丈夫，务必告诉他，

小时候的威尔士公主夏洛特与她的母亲布
朗思维克的卡罗琳（托马斯·劳伦斯绘）

夏洛特公主与利奥波德
王子大婚版画(1818年)

夏洛特公主的丈夫利奥波德
王子油画像（乔治·道绘）

夏洛特公主的葬礼
（绘者信息不详）

我认为我是英国最幸福的妻子。”

斯托克马将夏洛特公主的遗言告诉了王子，因为他没有勇气留在垂死的妻子的床边。斯托克马握着她的手，直到她的脉搏停止跳动，血液冷却；随着她伟大的生命与爱永远从世间消失，她迷人的蓝眼睛渐渐失去光芒。然而，通过神秘的轮回，那种光芒、生命与爱注定很快在她的一个堂妹身上转世，这个女婴生于 1819 年 5 月，起初被称为“小五月花”，从小被视为一朵脆弱而精美的希望之花而得到悉心照料。

Queen Victoria

第二章

维多利亚的洗礼

精彩看点

维多利亚公主的诞生——维多利亚公主之父的性格——王位继承问题——肯特公爵之死——维多利亚的洗礼——伍布鲁克格伦——初次与死神擦肩而过

妻子去世后，利奥波德王子一度离开了克莱蒙特那令他悲伤的家，回到了欧洲大陆。1819年，他回来一段时间，探望亲爱的姐姐。姐姐在他丧妻后再婚，并且诞下一女，但不幸的是，她再次丧夫。内心痛苦的王子俯身慈爱地看着摇篮里才八个月大的女婴，但她无法意识到自己已失去父亲，还冲着王子和蔼的面庞微笑呢。虽然王子悲伤地想起他那一出生便夭折的孩子——他的眼睛从未冲他笑过，甚至还没来得及睁开眼睛看世界——但他立刻向姐姐的这个失去父亲的孩子发誓，他将在有生之年疼爱她，帮助她，同情她，教导她。

这个女婴就是肯特公爵和萨克森－科堡－萨尔菲尔德公主维多利亚·玛丽·路易丝的女儿。维多利亚·玛丽·路易丝公主原是莱宁根的查尔斯王子的遗孀。爱德华，也就是肯特公爵，是乔治三世的第四个儿子，也是他最优秀的儿子。尽管王室的记载有些夸张，但应该说他是一个和蔼可亲、能干且正直的人。对于那个时代的王子来说，他非常慷慨，甚至有些过头，但他自己一生却过得非常简朴。他不是父母最疼爱的儿子，他们似乎拒绝给予他合理的经济援助，却将大笔钱花在他挥霍无度的兄弟威尔士亲王身上。乔治三世像《圣经》里的浪子，从不忏悔；而爱德华则是德行的化身，从不抱怨。

夏洛特公主死后，约克公爵可能成为王位继承人。但他没有孩子，因此乔治三世的第三个儿子——克莱伦斯公爵将成为下一个继承人。他与他的兄弟肯特公爵同年完婚，并育有一女，若此女活着，将会继承王位，那维多利亚就不可能继承王位了。但令王室失望的是，这位可怜的小公主的生命非常短暂。她怯生生地看了看极尽奢华的王室，然后毫不动心地离开了。然而，克莱伦斯公爵夫人，也就是后来的阿德莱德王后，还有可能再生下一位王子或公主，从而成为一位幸福的母亲。此外，有太多不利于肯特公爵的孩子继承王位的可能性。当肯特公爵——这位骄傲的父亲怀抱着他的女儿并预言“好好地看看她！她将是英国的女王！”时，人们笑了。

一个细雨绵绵的下午，公爵很晚才回家，因为步行，他的双脚都湿透了。他被催促着去换靴子和袜子，但看到可爱的女儿爬到母亲的膝盖上嬉笑的情态，他情不自禁地把她抱在怀里，并和她一起玩耍，直到刺骨的寒意袭来。很快，他就卧床不起。他得了肺炎，后来，一个乡村医生从他身上抽走了十二盎司的血。然而，他的身体仍不见起色，于是就请来一位著名的伦敦医生，但医

乔治三世的油画像

克莱伦斯公爵身穿军服的油画像(马丁·阿彻·希绘，1800 年左右)

肯特公爵任职北美时的油画像

生说为时已晚，如果一开始公爵就由他治疗，他可能会“放更多的血”。六十年前治疗方式就是这样的。

随着肯特公爵的薨逝，他那懵懂的小女儿离王位更近了一步。多年之后，她亲切的约克叔叔和“很绅士的”叔叔乔治四世先后辞世，粗鲁的水手叔叔克莱伦斯公爵登上了王位，也就是威廉四世。由于这位老人没有合法的子女，维多利亚公主这才被认定为未来的君主。也就是在她二十岁时，她才清楚地知道她未来的生活将非凡壮丽。现在她还不知道她是整个国家的希望，全国人民都爱戴她，这多么了不起，多么幸运啊。她很聪明，她知道自己是“殿下”，也知道自圭尔夫家族[①]统治英国以来，殿下比平民百姓更加富裕。她知道，大多数时候，她必须穿很普通的纯棉长袍，戴草帽，并学习很多令人厌烦的礼仪，而且她的零花钱很少。

明智的肯特公爵夫人当然费尽心思地呵护她成长，不让她过早地肩负历史赋予她的重任，因为对于一个敏感的孩子的心灵而言，成为女王这种希望太令人陶醉，而女王的责任太过沉重。

不知道肯特公爵夫人是否还保留着女王婴儿和童年时期的温馨的记录？如果保留着，对于像我这样迷离惝

---

① 圭尔夫家族（Guelph）即韦尔弗家族，在意大利被称为“圭尔夫家族”。韦尔弗家族是德国的传统贵族世家。在历史上的不同时期，该家族的成员先后在士瓦本、勃艮第、意大利、巴伐利亚、萨克森、汉诺威建立了王朝。从1714年起，家族的一个分支在英国建立了汉诺威王朝。——译者注

恍的传记作者而言，若要使我的基础框架点缀几根金色的稻草，这些记录该是多么丰富的资源啊！我搜索了那时作家们的编年史，也询问过王室的元老们，但我依然没有发现，或获得什么特别新颖、有趣的写作素材。

维多利亚于1819年5月24日生于肯辛顿的一个阴郁的风景如画的古老宫殿，随后于6月24日，坎特伯雷大主教在伦敦主教的协助下，用从教堂塔楼金光灿烂的圣水池中带来的圣水，为她举行了盛大的洗礼仪式。参加她的洗礼仪式的人包括摄政王、俄国皇帝（最后一位由约克公爵代表的俄国皇帝），符腾堡的孀居王后（由奥古斯塔公主代表）和科堡的孀居公爵夫人（由格洛斯特的孀居公爵夫人代表）。维多利亚公主全名是亚历山德丽娜·维多利亚，这个名字是为了纪念俄国皇帝亚历山大而取的。她的名字与亚历山德丽娜·乔治亚娜非常相似，但在最后一刻摄政王宣布，乔治亚娜这个名字不应该放在任何名字之后，他补充道："将她母亲的名字放在俄国皇帝的名字后面为她命名。"后来，女王认为她母亲的名字才不应该放在任何名字的后面。然而，这时作为一个孩子，她经常被称为"小德里纳"。

不久，这个婴儿第一次从她富丽堂皇的出生地移居到伍布鲁克格伦，一个靠近西德茅斯的美丽的乡间宅邸。在这里，维多利亚生平第一次死里逃生，而这似乎证明她的"生命具有魔力"。一个男孩在房子附近漫不经心地射击麻雀，子弹穿透了一扇窗户，而保姆当时正抱着小公主坐在那扇窗旁。据说，子弹贴近孩子头部呼啸而过。但令人高兴的是，她自己并未意识到她所经历的致命危险。几个月后，她同样没有意识到父亲去世给她带来的悲痛。她父亲与其他圭尔夫家族成员一起埋葬在温莎王室墓园，再也无法用他坚强且温暖的双臂，保护他娇小的女儿登上王位了。

维多利亚公主似乎是个惹人怜爱的顽童，她非常喜欢玩耍嬉闹。我所找到的资料中，最早提到她很顽皮的是威尔伯福斯主教的信函。信中写到肯特公爵夫人召见他时，“她接待我时，她那精致而充满活力的孩子就在旁边，正趴在地板上忙着玩玩具，很快我也成了她玩耍的对象。”

下面这张小小的家庭照片让人们感受到这对母女之间的温馨与亲密，以及她那高贵的母亲时刻陪伴在她孩子的身边。据说，与其他贵族之家的母亲不同，肯特公爵夫人亲自用母乳哺育这个杰出的孩子。从那时起，她们的生活就紧紧交织在一起，任凭什么也无法将她们分离。小公主幸运地躲过了婴儿期疾病所带来的风险。我们从她幼时的相片中了解到，与大多数的孩子一样，她很容易磕破牙齿。虽然她的金色珊瑚般的幼齿有点儿突兀，但非常漂亮。如果年幼的阿尔伯特亲王令他祖母联想到一只“黄鼠狼”的话，那他“漂亮的表姐”的“小小嘴巴”可能会让她联想到一只小松鼠。

在维多利亚公主大约三岁时，一个老新闻撰稿人做了一个相当震撼且夸张的报道。他说：“几天前，我经过肯辛顿花园，远远地看到一伙人：几位女士，一个小孩子，两个看管驴子的男仆，驴子身上装饰着蓝色的缎带，供小孩使用。”他很快确定，这是肯特公爵夫人和她的女儿，也就是莱宁根的费奥朵拉公主和亚历山德丽娜·维多利亚公主。他走近他们时，小公主用愉快的声音说“早上好”来跟他打招呼。他注意到，她对所有跟她打招呼的人都很有礼貌，她的“仪态万方是与生俱来的”。这位撰稿人还说：“小公主殿下真是漂亮得出奇，她欢快活泼的面部表情说明她身体极棒，脾气超好。她白皙的肤色，灵动传神的大眼睛，迷人的脸颊，都与她父亲甚为相似。”

初次在肯辛顿花园见到她，李·亨特特意望了一眼这个小公主，觉得非常有趣。眼前的景象说明公主很亲切随和。“她从贝斯沃特门前横着的一条小径走来，手里握着一个跟她同龄的小女孩的手，好像她很爱她。”为什么不呢，诗人先生？公主，尤其是年龄较小的公主，像我们中的任何一个人，无论是无名诗人，还是蔑视头衔的共和党人，一样容易受同情和友谊所带来的快乐的影响。

维多利亚公主 4 岁时（斯蒂芬·波因茨·丹宁绘）

维多利亚公主和她的母亲肯特公爵夫人

阿尔比马尔勋爵在自传中提到，他闲暇时透过古老宫殿的窗户看到的情景。他看到："一个聪明、漂亮的七岁小女孩在窗下忙着浇花的小小身影。看着她洋洋洒洒地将喷壶里的水一部分浇在花上，一部分洒在自己的小脚丫上，是多么有趣啊！她身着朴素而合体的衣服——一顶大大的草帽和一件白色的棉布长裙，与当下新一代小女孩华丽漂亮的衣着形成鲜明对比。围在脖子上的一条彩色三角围巾是她唯一的装饰品。这年轻的小姐就是维多利亚公主，我们现在的亲切的女王。"

维多利亚女王的孩子们的穿着与她一样简朴，她更钟情于旧式、古雅的服饰。很久以前，我听过这样一个故事。一个来自小镇的时髦女士，为了能看一眼王室成员，一天早上，便去温莎公园散步。在那里，她遇到一位女士和一位绅士，带着两三个孩子，他们衣着都很朴素，所以，当他们从她身边经过时，这位时髦女士只是瞥了他们一眼。她热切地盼望能偶遇王室成员，就又走了很远。后来，她遇到一个苏格兰老园丁，就问他，她是否有机会在这里邂逅女王。这位苏格兰园丁操着苏格兰方言说："嗯，可以的，转身往回跑，你就可以一睹王室尊颜了，因为你刚刚从女王、亲王和他们的孩子身边经过。"

啊！并不是我刁难她，当她转回头，看到远处这幸福一家人的模糊的身影，意识到她不仅错过了好好地看看王室的机会，而且还犯下对王室的大不敬之罪。

Queen Victoria

第三章 肯辛顿宫的日常生活

精彩看点

维多利亚的早期教育——肯辛顿宫的日常生活——肯特公爵夫人的性格与境况——单调的生活——出游

维多利亚女王极少谈及她的童年，不过她曾提到她的童年是极“枯燥”的。可她的童年似乎又绝不是闲散空虚的，她需要花时间来学习、工作或锻炼身体，还要玩耍，她的每分每秒都是极其珍贵的。她所受的教导是，绝不能浪费时间，而且做事时一定要小心谨慎以免浪费别人的时间，或许她自己本来就是这么想的。一位英国朋友讲过这么一件小而重要的事，是他很久以前从一位女士那儿听到的。这位女士的女儿们当时在哈默史密斯学校读书，教她们写字的老师正是维多利亚公主的老师。我的朋友说：“当然，学校里的小女孩们对每件与小公主有关的事都特别感兴趣。这位老师——我记得他的名字是斯图尔德——所说的一切都表明，她是个心地善良、乐于为他人考虑的女孩。”

“当她不能来上课时，她总是提前告诉老师，并说‘我觉得你应该想知道’。有时她会说‘我们要去温莎看国王叔叔’，又或是一些别的重要的事。而她口中的‘国王叔叔’指的就是乔治四世。当然，斯图尔德先生很好地利用了小公主给他的自由时光。当时，公主才 8 岁，由于她考虑周到，所以她为斯图尔德先生节省了很多时间，也免去了诸多麻烦。”

提起公主的小时候，坎贝尔勋爵说：“她看起来身体不错，而且活泼可爱，性情也好。”或许，在很大程度上，她的好性情是因为她身体健康。

公主是用最明智的方式抚养长大的，这也是最简单、最系统的健康生活方式：非常规律地吃饭、睡觉和锻炼，充分享受户外生活，情绪尽量不要激动。

她受到的教育是，要像遵守英国政府的宪法一样遵守她自己的作息规律，要像尊敬上帝的律令一样遵守健康法则。

下面这一段话，真实地记录了她在肯辛顿宫的日常生活。

> 夏天，维多利亚公主 8 点钟吃早餐。她的面包、牛奶和水果放在一张小桌子上，小桌子就在母亲的桌子的旁边。早餐过后，菲奥朵拉公主跟着她的家庭女教师去学习，而维多利亚公主则外出一小时，或散步，或乘马车。10 点到 12 点，由她母亲来教导她。之后，她就在套房里跑来跑去，自娱自乐。套房呈环形向宫殿两边延伸，里面放着她的很多玩具。下午 2

点，在她母亲用午餐时，她简单地吃点儿东西后，一直上课到4点。然后，接待访客。之后她就在花园里散步或骑驴。在她母亲用晚餐时，小公主还是在母亲旁边吃晚餐。晚餐过后，公主和保姆布罗克女士——公主称她“亲爱的波比”——玩一会儿。然后，她和大家一起吃甜点。九点，公主上床睡觉，同样，她的床也在母亲床旁边。

这段文字告诉我们，公主的作息时间很规律。她有规律地学习、锻炼，吃简单的食物，充分享受户外的新鲜空气，长时间地玩耍，睡眠非常充足。似乎这位可敬的母亲让孩子离开她，只是为了让孩子投入大自然的怀抱。这位伟大的母亲总是密切地关注着维多利亚，对她的一举一动了然于胸。

丈夫去世时，只留给肯特公爵夫人一小笔财产，她还要承担丈夫的债务。公爵夫人有着强烈荣誉感，她觉得自己一定要解决这些债务，或者至少要尽快减轻债务。倘若不是她弟弟利奥波德慷慨解囊，她恐怕无力支付女儿所接受的全面系统的教育的费用。所以，即使不是由于她的品味和对女儿的责任感让她过着平静的隐居生活，缺乏财富也让她不得不俭朴地生活。就这样，注重隐私和保密成了这位修养极好的公爵夫人的生活法则，尽管当时她依旧年轻漂亮。于是，她们母女很少在宫廷或任何宫廷社交圈中露面。所以，当维多利亚继承王位时，她就像是在温莎森林深处的山谷里被施了魔法的童话公主，或是在肯辛顿花园蛇纹石里被现代魔法师所唤醒的水中仙子，因为整个世界，至少是英国以外的其他地方，对她的早年生活、性格与品行所知甚少。现在，那些目睹过她幸福快乐的童年或是少女时期的人，也所剩无几了。那时的她就像一弯银色的新月，隐约散发出成年女子和尊贵女王的光芒。

随着公主的成长，她与同母异父的哥哥和姐姐——莱宁根的查尔斯王子和菲奥朵拉公主之间建立了亲切友爱的感情。三个孩子和他们的母亲的关系亲密无间。时间流逝、聚散离合与命运变迁都无法撼动这种情感。不过，现在他们都离她而去，只剩下女王一人，形单影只。

我的一位好朋友F. 艾肯·科特莱特是英国著名作家，多年来她一直住在肯辛顿。她讲了一些与小公主有关的趣事：

> 维多利亚公主童年时，人们经常看到她坐在小巧的四轮马车里，行驶在肯辛顿花园乡间的沙砾路上，她同母异父的姐姐菲奥朵拉公主陪着她，随行的还有一个仆人。许多年长的人仍然记得，当时维多利亚衣着十分朴素，她的

1835 年的肯特公爵夫人
（乔治·海特绘）

维多利亚公主同母异父的姐姐菲奥朵拉（威廉·萝丝绘）

维多利亚公主与爱犬达什

（乔治·海特绘，1833 年）

18 世纪的肯辛顿宫，维多利亚
公主的童年就是在这里度过的

姐姐安静、朴实且修养极好。有一天，人们看见，为了满足一个陌生小姑娘的愿望，她停下马车，允许小姑娘亲吻了未来的女王。

这个“陌生的小女孩”正是科特莱特的姐姐。科特莱特还说，夏天的午后，肯特公爵夫人和她的女儿们经常坐在草坪上喝茶，“就在羡慕的路人的目光所及之处，这种公开程度现在听起来是多么令人难以置信啊！”

当时，对于这个安静、举止优雅的家庭来说，这么做既安全又惬意，因为伦敦的“暴徒”——赘生在英国这棵精致而古老的橡树上的样貌丑陋、不健康的毒瘤——并没有令人厌恶地出现在首都所有的公园里。这位朋友还说，小公主身上有她自身特有的简单朴素和小女孩性格。后来，她和母亲，或者姐姐，一起到肯辛顿的一个女帽商那儿买帽子，等帽子整理好后，她就拿着那顶帽子（也许是旧帽子）回家了。我很乐意看到一位范德比尔特小姐[①]做这种事！

肯特公爵夫人与维多利亚公主以及维多利亚公主同母异父的哥哥和姐姐，即莱宁根的查尔斯王子和菲奥朵拉公主——假如我可以如此亲密地称呼王室成员的话——离开肯辛顿的平静生活后，一直在克莱蒙特的利奥波德

---

① 范德比尔特家族是美国最富有的家族之一，范德比尔特小姐正是出自该家族，是当时贵族圈子的交际花。——译者注

家做客，利奥波德是肯特公爵夫人的弟弟，公主的舅舅。肯特公爵夫人与她的孩子们似乎在英格兰旅游了很久。他们去了海滨浴场，拜访了贵族人士，却始终没有去欧洲大陆。公爵夫人或许觉得，她受英国人民的重托来看护公主，过于漫长的旅程或气候的改变可能会危及这个珍贵的生命。然而，谁也不知道，如此长久地远离自己的家乡和亲人，对这位真正的德国女人而言，是多么沉重的代价，至少她夫家那些冷酷的亲属不知道。作为公主，她身份太过尊贵而无法抱怨；作为母亲，她为自己的无私奉献和自我克制而高兴。

Queen Victoria

第四章

首次在宴会厅露面

精彩看点

培养女王不是轻松的任务——肯特公爵夫人令人钦佩的原则——祖母信中令人啧啧称奇的摘录——乔治四世给葡萄牙小女王的儿童舞会——乔治四世之死——他的继位者的性格——维多利亚第一次在宴会厅露面——缺席威廉四世的加冕典礼

培养女王既不是一件轻松的任务，也不是打发闲暇时间的消遣，这就好比写国史中的第一章，开端总是很难。

孀居的公爵夫人承担了历来女人所承担的最重要的任务，从结果来看，她确实竭尽全力地完成了这个任务。

对这个家庭而言，缺乏财富并不是件糟透的事。这种境况虽令人不快，也没人愿意，但“塞翁失马，焉知非福”。这种境况使公爵夫人给孩子们，特别是童年时的维多利亚，留下了一种深刻的印象，那就是，节俭与安全感的重要性，以及靠有限的收入生活时保持尊严的重要性。虽然节俭、精确、认真对待大大小小的事务以及准时与节约时间通常被定义为生活中不起眼的美德，与那些所谓的英雄事迹比要单调乏味得多，但许多事实表明，与那些让人舒适生活、保持尊严的东西一样，这些也都是最基本的美德。做事谨慎、有条不紊的母亲把这些道理深深地根植于小维多利亚的心中。于是，这些美德成了维多利亚意识的一部分，成为她的生活法则：不迷恋财富、奢侈品或任性，对于自在快乐的生活没有本能的欲望，也没有浓烈的爱和痛苦；在任何紧急关头，都要保持这些美德。然而，危险在于，在青少年身上采取如此严苛的原则，如此一成不变的习惯，在他成年后，这种原则和习惯可能会掌控他的意识，统治他的生活。

而女王正是如此。据说，就连日出日落、月圆月缺、潮涨潮落都不如女王处理家事、国事与出访准时、规律；即使是米底人与波斯人的律法也不及温莎和巴尔莫勒尔的条例公正无私、一成不变。

然而，英国百姓以及那些受固定不变的习惯和僵化刻板的法则直接影响的贵族都无权挑剔，因为他们所崇拜的正是这位年轻女王身上难能可贵、成熟持重的特质。他们无权嘲讽，因为女王陛下及其家人都非常崇尚节俭。在女王刚刚继承大统时，当阿尔伯特亲王和斯托克马男爵引领她进入她多年未曾来过的王宫时，所有的人不是都感到兴高采烈吗？

我们还是回到公主小时候吧。尽管她的母亲肯特公爵夫人，让她坚持不懈地学习，进行极为系统的智力与德行方面的训练，但是也让她劳逸结合，不断地适应气候与环境的变化。因此，虽然生过一两次重病，但小公主的体质越来越好。此后，强健的体魄、无畏的勇气和卓越的胆识成为伴随她一生的鲜明特征。当时，有位作家谈到公主与她母亲1829年去拜访温莎时说，乔治四世，也就是她的“国王叔叔”，对她的“迷人的举止”感到很高兴，当时她大约 7 岁。

公主在科堡的外祖母给她的母亲写信，谈到了这次访问，她说："我看到英国报纸上说，肯特公爵夫人携公主与国王陛下去了弗吉尼亚湖。这个小机灵鬼一定让他心情愉悦吧，她可是个聪明可爱的姑娘。"

想想看，伟大的维多利亚，大不列颠与爱尔兰的女王，印度女皇，被称为"小机灵鬼"，也就只有她的外祖母能这么叫了。然而，三四年之后，那个言辞辛辣、粗鲁无礼的编年史学家查尔斯·格雷维尔却说，小公主不漂亮。那时，她刚刚进入一个比较自我、不太注重礼仪的时期。其间，几乎所有的女孩儿都不满意自己的长相，都觉得自己看上去不那么标致清秀，或者悦人眼目。格雷维尔在国王专门为他的那位小客人——葡萄牙的小女王，格洛丽亚的唐娜·玛利亚二世举办的儿童舞会上看到了维多利亚公主。当时玛利亚二世坐在国王的右手边，非常引人注目。格雷维尔说，她相貌姣好，衣着雅致，"肩上系着一根丝带"。在其他孩子看来，坐在国王身边的玛利亚二世一定非常端庄气派。可是，当她走进舞池准备跳舞时，"她摔倒了，伤了脸，带着惊恐和伤痕离开了"。格雷维尔还说："我们的小公主是个身材矮小、相貌平平的孩子，不及葡萄牙女王玛利亚二世漂亮。然而，尽管造物主没有给她美丽的容貌，命运却比较偏爱她。"

虽然维多利亚并不知道这些，但她也会像其他小女孩那样安慰自己，她大抵会想："哼，也许我不像玛利亚那么漂亮、气派、衣着雅致，可我也不像她那么尴尬。我能够镇定自若，更不会乱了步伐。"

至于那个葡萄牙小女王，当时她还没有王冠，也没有领地。她是从巴西远道而来继承她祖父的王位的，这是她父亲佩德罗一世阁下送给她的礼物。不过，虽然她父亲是王位的合法继承人，但王位却被他邪恶的叔叔唐·米格尔所霸占。于是，她与这个篡位者长期斗争，她的父亲也前来助阵。最后，她终于赶走了米格尔，坐上了那个又大又不舒服的宝座。尽管政治动乱令王位摇摇欲坠，她还是在王位上待了许多年。后来，她发现最好还是下台，所以她就离开了葡萄牙。

据说，她并没有随着年龄的增长而变得越来越美丽，相反，成年后她没有小时候那么美了。所以，最后，英国公主比她漂亮多了。

虽然乔治四世国王喜欢他那个有趣的小侄女，却从未想过她将来会坐上他的位置。听说，当他提出举办那次舞会时，他最喜欢的一位宫廷女士高兴地说："哦，真是好极了！能看到两个小女王一起跳舞，那多让人兴奋啊。"这句话让他非常不高兴。实际上，他不喜欢肯特公爵夫人总是让她女儿远离他那声名狼藉的宫廷，用她自己的想法教导她，所以他经常用他的国王身份恐吓说，要把她的女儿从她身边夺走。英国百姓不理解，但

少年时代的葡萄牙女王玛利亚二世

成年后的葡萄牙女王玛利亚二世

公爵夫人一定很痛苦，她害怕心爱的女儿会被那个带着王冠的恶魔夺走，囚禁在温莎阴暗的城堡中。不过，举办完那次儿童舞会一年多后，这个恶魔国王就被他的兄弟克莱伦斯公爵所取代，这对他的国家来说是件好事。

克莱伦斯公爵登基后，称“威廉四世”。虽然他善良、坦率与真诚，但他是个豪放粗暴的水手。当他激动的时候，无比粗野的骂声就像砧铁上的火花一样从他嘴里迸出来。由于他的脾气粗暴，满嘴脏话，也可能由于他的身边总围绕着一些天真任性的孩子，所以公爵夫人决定继续远离宫廷，让她单纯的女儿尽量避开不健康的环境。但她对阿德莱德王后比较友好。当阿德莱德王后的最后一个孩子去世时，她曾写信给肯特公爵夫人：“我的孩子都死了，但你的孩子还活着，现在她也是我的女儿。”这位善良的女人情真意切，她非常疼爱维多利亚，维多利亚也爱她，并像孝敬自己的母亲一样尽心尽力地孝敬她。

公主第一次参加的宫廷宴会是为阿德莱德王后举办的生日宴会。她与她的母亲以及其他女士、先生们坐着皇家马车，在一队卫兵的护送下进宫。在那次盛会上，公主的礼服都是用英国材料制成的，她的长裙是典型的英国式的金色，虽然款式简单，却非常合体。她站在她的婶婶阿德莱德王后的左边，饶有兴致地看着这场华丽的盛会，而宴会上的每个人却对她更感兴趣，大家都注视着她。如果这位“假定的王位继承人”出席王后的生日宴会轰动一时的话，那么她缺席国王的加冕典礼，则引发了更大的轰动。有人说，这是因为没有将她安排在紧靠国王和王后的位置上；还有人说，公爵夫人称她体弱多病，没让她参加。但真相究竟是什么却无人知道。或许哪天，这个顶级国家机密将会被自称是“朱尼厄斯”或“铁面人”的人所披露。

Queen Victoria

第五章 公主的怀特岛之行

精彩看点

维多利亚公主甚得民心引起国王威廉的嫉妒——公主的学习与常人不同——公主的怀特岛之行——温特沃斯府邸发生的趣事——公主的音乐老师所讲的趣事——对公主的阿谀奉承——关于她与世隔绝的社会地位的反思——写给利奥波德舅舅的信

肯特公爵夫人对于宫廷盛大的仪式与欢乐的场面的漠视，严重地伤害了威廉四世作为国王的威严，这最终导致威廉四世对公爵夫人的敌视。虽然他要求小公主经常来看望他，但他并不希望英国百姓过多关注维多利亚母女，向她们致敬。他反对她们经常去怀特岛旅行，称这些短途旅行为“王室出动”，并下了一道特别的命令，禁止载她们往返于怀特岛的船只通过“鸣汽笛”向她们致敬，只能向国王和他的议会鸣汽笛致敬。国王令人讨厌的弟弟坎伯兰公爵并不亲近他的王兄肯特公爵，自然对他已故王兄的遗孀和孩子也不友好，对他而言，维多利亚公主就是一个“入侵者”，因为他认为怎么着也该他当国王了，而维多利亚终将成为他登上王位的障碍。然而，面对王室高层的敌意和反对以及内阁大臣们的嫉妒和严厉的批评，肯特公爵夫人——这个坚如磐石的女人，坚持以最好的方式培养女儿，按照自己的意愿安排女儿的起居出行。

许多年来，维多利亚的家庭女教师一直是才华横溢的男爵夫人莱森，而莱森夫人也是她的姐姐菲奥朵拉的老师。在维多利亚 12 岁前，她的老师都是德国人，所以她的英语都杂有德国口音。她 12 岁后，几乎所有的老师都换成了英国人。科特莱特小姐曾给我讲过维多利亚公主 12 岁时发生的一件趣事，这件事是公主的一位老师亲口说的。在学习古代历史时，维多利亚公主在读格拉奇兄弟[①]的母亲科妮莉亚的故事，当她读到科妮莉亚向一位爱炫耀、珠光宝气的罗马女士介绍自己的儿子时骄傲地说："这些都是我的宝物。"聪明的小公主说："她应该说这是我的科妮莉亚们。"

维多利亚所受的教育中，有些东西在当时看来是年轻小姐们不应该学习的，但对于那些注定要做男人的工作的穷人家的女孩们来说，这样的教育就是必要的。维多利亚精通历史与拉丁语，尽管她不喜欢拉丁语。后来，她研习了英国议会、法律以及政治学。同时，现代语言、绘画、音乐等其他该有的素养她也没有落下，最终她样样精通。维多利亚的嗓音天生甜美，听力天生敏锐，在名师拉不拉什的教导下，她成了一个魅力十足的歌唱家。此外，维多利亚还擅长舞蹈，精于骑射。

如我所说，勇敢的公爵夫人责任心强，独立自主，

---

① 格拉奇兄弟是指提比略·格拉奇（公元前168—公元前133年）和盖乌斯·格拉奇（公元前154—公元前121年）两兄弟。他们是公元前2世纪罗马共和国著名的政治家，平民派领袖。他们10岁时，父亲去世了，母亲科妮莉亚承担了对他们的教育责任。——译者注

一直远离宫廷生活的奢靡。她让维多利亚劳逸结合，利用刻苦学习之余，参加社交娱乐活动，她认为这是对维多利亚最好的教育。

公爵夫人默默地坚持带维多利亚进行短途旅行。她的举动惹恼了脾气暴躁、不讲理的老国王，就连去怀特岛也不行。国王下令，即使皇家仪仗队看到公爵夫人和维多利亚——英格兰年轻的希望——头顶飘扬着王室的旗帜，也不允许他们鸣放礼炮。或许，与母亲多次游览诺里斯城堡的愉快，使维多利亚女王如此珍视她美丽的滨海之家——奥斯本宫。我记得一名游客讲过这么一件事：有一次，肯特公爵夫人和维多利亚公主去迷人的怀特岛时，这位游客也正好在布拉丁村游玩。一天下午，他信步走进了一座老教堂的墓地，去寻找伊丽莎白·沃布里奇的坟墓，伊丽莎白·沃布里奇就是李·里士满所著的宗教故事《奶牛场主的女儿》中的迷人的女主人公。就在坟墓旁，他看见一位女士和一个年轻的女孩儿坐在那里，女孩儿用饱满悦耳的声音，大声朗读着基督徒少女的感人故事。旅行者转身离开，不久教堂司事告诉他，坐在那个简陋的坟墓旁边的正是肯特公爵夫人和维多利亚公主。

约克郡的一位女士给我讲了另外一个有关公主的故事，这个故事表现了公主活泼好动的性格。一次，维多利亚和母亲去费茨威廉伯爵的温特沃斯府邸做客。温特沃斯府邸是个令人感到愉快的地方，公主喜欢在花园与灌木丛中跑来跑去。到达后不久，一个雨天的早晨，公主在花园里嬉戏，她欢快地跑来跑去，蹦蹦跳跳。当一个不认识她的老园丁看到她要从台阶上滑倒在地时，喊道："小心！小姐，那是个滑板！"这是约克郡语，意思是"很滑"。不料，不够小心谨慎却对什么都充满好奇心的公主转头问道："什么是滑板？"就在这时，她失去平衡，摔倒在地上。老园丁赶紧跑来扶起她，说："这就是滑板，我的小姐。"

这些关于维多利亚小时候的故事以及她的音乐老师所讲的那个故事，并不引人瞩目，更没有惊人之处。她一度十分反对反复练习弹钢琴，当她的音乐教师告诉她在艺术的道路上没有什么"皇家的捷径"，只有通过大量练习才能成为"钢琴的主人"时，维多利亚合住并锁上了这件令人讨厌的乐器，她边将钥匙装进口袋边调皮地说："现在你看到成为钢琴的主人是有皇家的捷径了吧。"然而，维多利亚女王小时候的故事并不全是充满简单、自然和少女气息的。忠诚的英国百姓告诉我："你能找到的关于女王陛下童年的故事少之又少。尽管少，但这些故事都是好的。"

不错，是很好。四五十年前的编年史学家们——也就是乔治三世时期的史学家，在他们忠诚的眼睛里，乔治三世的十五个孩子都是"光明之子"；现在他们对这颗冉冉升起的权力之星的崇拜无以言表。据他们说，她不仅虔诚有礼、善良亲切，是众多公主中的一颗明珠，也是一个少年老成、充满智慧的奇迹，一个聪明机智、博学多才的天才。总而言之，她是一个极其完美的人，天使对她的宠爱一定程度上危及她的王位继承权。就连她生活中那些最不起眼的小事，都被夸大为极有意义或异常高尚。即使她在参观曼彻斯特的一家棉纺厂时，问了一两个关于机器操作、纺纱和编织的奇怪过程的问题，在他们看来，这也不是出于稚童的好奇心，而是由于对知识的热爱，是本着爱国的愿望鼓励英国制造业的发展。

如果她给马盖特的一个盲人乞丐几个便士，这种善意的行为几乎会被称作“神的恩惠”，而那个乞丐则会前所未有地痛惜自己的盲目。可怜的人竟无法瞧见那个将硬币投进他油腻的帽子里的“小天使”的脸！如果她精神奕奕地骑着驴，在拉姆斯盖特走很长的路，并在沙滩上与其他孩子一起赛跑，这将证明小公主屈尊俯就是人类最大的善意。当然，大家并不关心驴的感受。

当然，所有这些情感都是错误的、不合理的。19世纪的美国人难以理解这些情感，虽然我们的祖父非常理解这种个人忠诚，并以此为荣，直到乔治三世让他们无路可退。我们的祖母也珍视个人忠诚，把它视为神圣的宗教原则，直到她们连喝茶也要纳税。我敢说，如果我们能够得知真相，我们就会发现，有时，她的母亲、老

维多利亚公主与肯特公爵夫人
旅行的足迹——美丽的怀特岛

维多利亚公主视若珍宝的滨海之家——奥斯本宫

曼彻斯特的棉纺厂。公主在这里参观时，曾问过若干关于机器操作、纺纱和编织的问题

师以及侍从也会觉得小维多利亚令人厌烦，因为就像所有具有闪光点的孩子一样，小维多利亚有时也会情绪激动，喜怒无常，“软磨硬泡”。我也敢说，像其他独生子女一样，她一定会任性自私，需要一定的有益于她健康成长的纪律来约束她，而她也确实受到了很好的管束。倘若正如一些传记作家所描绘的那样，她循规蹈矩，虔诚孝顺，少年老成，那么她也许会英年早逝，就像“奶牛厂主的女儿”一样。那么我们就可能从中得到教训，而英国就会发生一场革命。

女王的一位传记作家惊喜地道出了这个事实：公主“和蔼可亲，性格开朗”，她会“像其他小女孩一样谈笑风生”。然而，她一定是很早就意识到她跟别的小女孩不一样：她要树立典范，与他人保持距离。尽管作为一个王室公主，她是被用简单朴素的生活方式抚养长大的，但她肯定意识到她置身于一个魔法圈。这个魔法圈就是一个摸不着却真实存在着的屏障，而别的孩子不愿意越过这个屏障。她一定明白，别的小孩子不会朝她喊“过来玩”。然而，无论她有多么腼腆，她必须提出和他们一起做游戏，或嬉戏玩闹，就如同长大后她不得不求婚一样。她甚至不得不争吵，就算只有她自己一个人。来自玩伴的任何抵制都可能是一种背叛。尽管有着令人钦佩的良好意志，但她有时一定也会感到厌倦，反感她必须做出这么多的让步、和解与思考；她可能会羡慕那些不幸的凡夫俗子，他们可以随心所欲，他们要求比较少，而别人对他们的期待也不高。

她可能已经厌倦了她象征高贵地位的名字。她希望自己的名字是维多利亚·肯特或者其他普通的名字，例如：琼斯、布朗或者罗宾逊等。

维多利亚似乎是一个单纯、寻常的孩子，因为1842年当女王与丈夫、女儿一起去克莱蒙特做客时，她在给利奥波德舅舅的信中写道：“这个地方使我想起了我童年时那些最快乐的日子，亲爱的舅舅，您那时对我是那么和蔼。小维多利亚在玩我的旧积木，我看见她在花园里又跑又跳，就像我小时候一样（虽然我认为我还没有长大）。”

Queen Victoria

第六章 爱斯科赛马会

精彩看点

公主在巴斯建立了维多利亚公园——公众的好奇心——神秘的命运之门开启——13 岁生日时的皇家舞会——爱斯科赛马会——纳桑尼尔·帕克·威利拍的照片——国王最后的生日宴会的悲凉场景

当公主11岁时，她在巴斯建立了维多利亚公园。她早早就开始接触商业，并孜孜不倦地经商五十年，她的经营范围涵盖公园、博览会、学校、交易所、法院、桥梁、码头、艺术学校和医院等。她也让儿女们忙于这样的商业工作。事实上，这几乎是王室的年轻人积极发展的唯一机会，因为去法国寻求发展早已过时。在我看来，英国百姓举行各种开幕式和揭幕仪式，就是为了给他们的王子与公主提供就业机会。不得不说，无论他们感到这样的工作多么烦人或无聊，王子与公主们都不会逃避这种单调乏味的职责。

肯特公爵夫人和她的女儿偶尔会去访问布莱顿，她们就住在乔治四世那座被称为“皇阁”的风格奇特的宫殿里。我见过公主小时候的一张照片，照片上的公主娴静端庄，与她的母亲、女家庭教师、侍者们走在广场上。除了随行的仪仗队外，还有一大群布莱顿人注视着他们，并跟着他们走。这些人都穿着半个世纪以前风格怪诞的服装：女士们戴着笨重的无边帽，穿着宽松的羊腿袖的衣服。那个时代羊腿袖非常流行，就是那种特别肥大、手腕收得特别紧的款式；穿着平底鞋，鞋面上还系着带子；男士们则穿着短身上衣，脖子上围着巨大的领子，戴着可笑的领结，头上戴着极笨重的帽子。

当时，公主已学会默默承受人们的打量，就好像她意识到有几百双眼睛在凝视着她，而那些目光中有敬佩，也有说长道短。她明白，凝视她的眼睛将很快从几百双上升至成千上万双，甚至是几百万双，就好像她周围的世界都是由眼睛组成的，犹如孔雀开屏一般。所以，毫无疑问，在随后的岁月中，尤其是原本可以分散那无数打量她的目光的母亲不在她身边时，这无休止的观察与难以满足的好奇让她觉得极其疲倦。

关于维多利亚公主得知她伟大而神秘的命运的方式，有好几种描述，但公主只认同其中的一种描述。在她继位很长时间之后，年迈的家庭教师男爵夫人莱森在给她的一封信中写道：

> 当《摄政法案》提交给国会时，该法案任命肯特公爵夫人为摄政王，以防国王在他的侄女继位之前驾崩。人们认为是时候让公主知道自己真正的位置了。所以，在与公爵夫人商议之后，男爵夫人就在公主正在阅读的一本历史书中放入了一份家谱。

当公主看到这份家谱时，她问道："这是什么？我以前从未看过这个。"男爵夫人回答道："早些时候你是不必看这些的。"

看完这张纸后，这个年轻的女孩儿若有所思地说："没想到我现在距离王位比我想象的更近一些。"不一会儿，她以少见的严肃继续说道："如果换成其他孩子，那么现在他们就会自吹自擂，因为他们不知这有多困难。有多少光环，就有多少责任。"

男爵夫人继续写道：

公主这么说时举起了她右手的食指，然后将她的小手伸向我，并说："我会做好的。我现在明白为什么您以前总是逼我去学习，甚至去学拉丁语了。我的奥古斯都姨妈和玛丽姨妈从不这样做。不过，您告诉我拉丁语是学习英语语法与所有优雅的表达方式的基础，我就照着您的意愿去学了。现在，我更加明白您的良苦用心了。"小公主又将手伸向我，重复道："我会做好的。"

上帝听到这个12岁女孩儿的允诺，使她坚持了下去。

他赋予她力量来兑现这个诺言。作为一个女王、作为一个女人，她经历了耀眼的光环和沮丧的阴影，体验了生命的荣耀与悲伤。

女王说，她因壮丽而艰苦的命运而“多次痛哭”，可是，她的眼泪仿佛是四月天的雨，呼之即来，挥之即去。在那些日子里，她被描绘为一个机智聪明、无忧无虑的小姑娘，英国最高贵的家庭趋之若鹜，都将她视为一束灿烂的阳光，纷纷邀请她去自己的府邸做客，比如：威斯敏斯特公爵的伊顿庄园、菲茨威廉伯爵的温特沃斯林屋、什鲁斯伯里郡伯爵的乡间别墅奥尔顿塔以及德文郡公爵的宫殿般的查茨沃思庄园等。在这些地方，人们向她展示忠诚于皇家的荣耀，让她初次体验到她以后作为女王的“辉煌”，只是当时她还不知道女王应该肩负的“责任”。

为了庆祝“他们心爱的侄女维多利亚公主的13岁生日”，国王与王后举办了一个盛大的舞会。据说，当这位年轻的皇家小姐来到了会客厅时，她的甜美与孩子气的威严吸引了所有人。她的言谈举止中尽显高贵的女王风范。对于即将向她膜拜的笃诚的臣民来说，她在圣詹姆斯皇家教堂受坚信礼时所展现的风采和举止，都说明她是王位最适合的继承人。据说，在这个有趣的仪式中，她的脸上从头至尾都现出一种“深思熟虑、无比虔诚、庄严肃穆”的神情。

我是在一个非常不同的场景中第二次看到维多利亚

公主的，那是在爱斯科赛马大会上。在这次赛马会上，杰出的美国作家纳桑尼尔·帕克·威利第一次见到维多利亚。之后，他写道："在比赛休息时，我走到了国王站台的下方，清楚地看见了王后陛下和年轻的维多利亚公主。她们依靠在栏杆上，听民谣歌手唱歌。和普通的乡下人一样，她们似乎很喜欢民谣。毫无疑问，在这片领土上，王后相貌平平，但公主却比任何商店里所贴的照片都要漂亮。其实，这样的装扮对于英格兰王冠的继承人来说是不必要的，太过华丽惹眼。可怜的小东西！她将被王室心目中的那些巨商大贾们出卖。倘若她想拥有自己的生活方式，那些人的深谋远虑根本不会给她带来慰藉。"

然而，聪明的美国诗人不会猜到，在遥远的德国有个小小的神话般的公国，那里有一位被乐善好施的仙女教母——外祖母们抚养长大的漂亮的仙女公主，她特别反对那些令人沮丧的预言，她会改变像"年幼的英国五月花"一样年轻漂亮的公主们的命运走势。

格雷维尔讲述了一件小事，此事表明，公主十六七岁时，王位已经唾手可得，但她依然接受她母亲对她的管束。他描述了伯利市长和其他官员接待公爵夫人与公主时的盛况。接待典礼之后有一顿"进行得非常顺利"的晚餐。其间，一个忠诚而笨拙的侍者由于见到公爵夫人和公主而兴奋得双手发抖，将一桶冰倒在了公爵夫人的腿上。虽然公爵夫人淡然处之，但这个侍者却手忙脚乱，“将局面搅得一团糟”。我估计公主那时一定被逗笑了。晚餐过后，又是一个盛大的舞会，公主第一个迈入舞池，与埃克塞特勋爵翩翩起舞。与勋爵跳了一曲后，公主就“回房休息”了。毫无疑问，她亲爱的母亲认为一天下来公主已经够兴奋，也够疲惫了。不过，对于像公主这样热衷于跳舞的女孩而言，这么早就离开舞厅确实很难，而她已经是如此重要的人物，正如市长在他的讲话中所言，她“注定要继承王位，统治这些王国”，却像孩子一般被送走，爬上那张庄严的、用羽毛装饰的四柱床，然后在萦绕于耳际的音乐声中入睡，这对于她来讲，实在是太困难了。

格雷维尔还讲了一个与公主有关的哀伤的宫廷故事。让我重述这个故事里的场景未免太过悲伤，不过，这个故事强有力地表露了维多利亚公主对于母亲的温柔的爱和密切的关心。随着国王威廉四世身体衰弱和年龄增加，他对肯特公爵夫人的嫉妒和敌意与日俱增。这种敌视最终使他在王室宗亲面前“宣战”。这件事是格雷维尔听别人讲述的，很可能过于夸张，但大部分内容肯定是真实的。国王邀请公爵夫人与公主在温莎城堡参加他的生日庆典，这也是他最后一次举行生日宴会。庆典中有一个所谓的“私人”晚宴，但是国王足足邀请了一百多人入座。在国王身旁象征荣誉的座位上，坐着公爵夫人；

晚年的威廉四世（戴维·维尔基绘，1837年）

威廉四世之妻阿德莱德王后
（威廉·比奇绘，1831 年前后）

温莎城堡是英王驻跸之所。图为
温莎城堡日出（保罗·桑比绘）

维多利亚公主坐在她的对面。晚宴过后，阿德莱德王后说，祝愿“陛下身体健康，万寿无疆”，这位友好的君主却用一个非常奇特的演讲回答王后这句祝福。他开始说：希望上帝能够让他多活九个月，这样公主成年就可以继承王位，他不想王权落到摄政王的手中，比如坐在他身边的这位女士。接着，他又说：“我尤其抱怨那些不让年轻的小姐（即维多利亚公主）进入我的宫廷的人们。她一次次被禁止进入我的客厅，那本该是她经常出现的地方，现在我决定不让这样的事情再发生。我会让她知道我是国王，我的权威必须得到尊重。在将来，我会坚持并要求公主随时可以来我的宫廷，因为这也是她的职责。”

国王用响亮的声音和激动的方式做了这番愉快而友好的高谈阔论，“态度非常坚决”。所有在场的人都“目瞪口呆”。和蔼可亲、雍容娴雅的阿德莱德王后“看起来万分悲痛”，而年轻的公主因为母亲所受的侮辱哭了起来。然而，这位母亲却镇定自若，虽然她的脸色非常苍白，但她很骄傲，挺直脊梁坐在那里——真不愧是公爵夫人！

Queen Victoria

第七章 在磨难中绽放美丽

精彩看点

维多利亚初见阿尔伯特——她成年了——为她举办的舞会——威廉国王病危——威廉国王驾崩——他的习惯和性格——坎特伯雷大主教和大法官宣告维多利亚为女王——在磨难中绽放美丽

1836年5月，公主初次见到她的两位表兄弟，萨克森-科堡的欧内斯特和阿尔伯特。这两兄弟，一个18岁，一个17岁，都长得英俊潇洒，很有教养，并且受过良好的教育。他们都有远大的目标，天性善良，待人真诚，性格率直，举止得体。

他们外表十分出众。欧内斯特很英俊，而阿尔伯特更帅气。他们深受当时的比利时国王——他们的利奥波德叔叔[①]的宠爱，又很快受到他们的姑妈肯特公爵夫人和表姐妹维多利亚的喜欢。他们在肯辛顿待了三个星期，每天与他们的父亲科堡公爵一起走亲戚，而他们的父亲也受到王室的热情款待。他们非常喜欢英国的社会和美景，学了一些英国的生活方式和风俗习惯。他们所学的这些，后来证明是非常有用的。确实，这个令人钦佩的年轻王子阿尔伯特总是学习、接受新事物和新理念，因

① 1816年，利奥波德（1790—1865）与当时英国女王储夏洛特公主结婚。1817年，他的妻子去世。1831年登基成为比利时国王，称“利奥波德一世”。1832年，他与法王路易·菲利普的长女路易斯·玛丽结婚。——译者注

为他有一个渴求知识的灵魂。

1837年5月24日，维多利亚公主长大成人了。她早早地被晨曲叫醒——在她的卧室窗户下，一个乐队正在用管乐器和竖琴欢快地奏着曲子。她收到了许多礼物，许多人前来向她道贺，而这一天也被视为伦敦和整个英格兰的盛大节日。孩子们不用上学，议员们可以不用上班。晚上，伦敦到处“灯火通明”——至少那些可怜的，无知的，没见过电灯的人们是这么认为的，圣詹姆斯宫举行了盛大而隆重的舞会。在这里，公主第一次先于她的母亲出场。这么多年的生活准则和习惯一下子改变了，她也许会感到害羞和尴尬。但是毫无疑问，尊贵的公爵夫人并不会因此而叹息。现在，她平平安安地将自己深爱的女儿抚养成人，她为此深感欣慰和快乐。

由于国王和王后的缺席，这可能算不上一个很愉快、很隆重的舞会。国王感染了枯草热[①]，王后就待在家里尽心尽力地照顾他。之后，他的身体稍微恢复了些，但再也没有好起来。6月2日凌晨，这位水手国王在皇家温莎城堡驾崩了。尽管他缺乏高贵的精神，但议会、媒体以及成百上千的宗教机构还是都发布了情真意切的悼词。甚至在一年之后，伦敦主教在为维多利亚加冕的布道中，还称赞已故的国王是“虔诚的教徒”，并告诫他的“年

---

① 枯草热（hayfever）又称花粉热，是一种因吸入外界花粉抗原而引起的春夏季过敏性疾病。——译者注

轻的继承人”一定要“效仿他”。啊，如果她这样做了，我现在就不应该撰写女王陛下的生平了！

作为国王，宗教信仰可以让他走得更远。那些虔诚的主教和忠心的牧师一定知道“菲茨－克莱伦斯们”[①]的所作所为——国王陛下“桌子周围的野生橄榄枝”。毫无疑问，他们知道国王陛下在公海上养成的那些亵渎神明的习惯，使他不适合做教会的首领。不过，或许他们认为，陛下是作为水手诅咒起誓，而非君主。由于他听了许多祷告，并尽可能加入其中，他还虔诚地领圣餐，所以他的结局当然不错。他做得更好的是，他还有些焦虑，担心他忠实的妻子和护士为他做得太多，为他过度悲痛。当他看到她身心交瘁时，他会像其他好丈夫那样安慰她：“振作起来，咬紧牙关坚持，阿德莱德！”当时国王大多比较昏庸，但威廉却不是一个昏君。他无疑是一个正统的信徒。当伊利新主教晋升，他来行“吻手”礼时，威廉真诚地说道：“主教大人，无论如何我不想干扰你在国会投票，犹太人除外。我相信我可以依靠你，因为你总是投票反对他们！”因此，我们相信他是一个虔诚的基督徒。

“国王驾崩了！”当这句庄重的话语传遍古老的温莎城堡时，他最忠诚的部长和牧师们都悄声说：“女王

① 这里暗指威廉四世与情妇多萝西娅·乔丹的私生子们。——译者注

万岁！”坎特伯雷大主教和宫务大臣[①]立刻离开温莎，乘坐驿馆的马车，以最快的速度前往肯辛顿宫。他们在黎明时抵达肯辛顿宫的大门。那时，所有的人都在熟睡，他们敲了很长时间的门，才叫醒门卫。门卫最后嘟嘟囔囔、极不情愿地打开大门。然后，庭院里的护卫又盘问了许久，这才为他们打开宫殿门，让他们进入一间比较低矮的屋子。“在那里，”韦恩小姐描述道：“他们似乎被大家忘记了。”他们敲响了钟，叫来一个睡眼惺忪的仆人，并要求让维多利亚公主的特别内侍通知公主，王室的人有“非常重要的事情”告诉她。经过一番交涉，最后，公主的内侍来了，冷冷地说道：“公主在酣睡，我怎么能贸然打扰她休息。”这时，大主教神情严肃地说道：“我们为国事来见女王，她的睡眠必须让路。”哎呀！已经惊呆的女佣一溜烟地跑进去，禀报维多利亚，而维多利亚也不敢让她的访客久等，赶紧把披肩披在睡袍上，穿上拖鞋，走了过来。她很快摘下了睡帽——过去，年轻的女士们睡觉时都戴着睡帽，浅棕色的长发乱蓬蓬地落在肩上。她就这样走过来接受教会和国家的第一次致敬，并被称为“女王！”因为她成了大不列颠、爱尔兰、印度和庞大殖民地的女王。在我看来，在那个时刻，这个年轻的女孩儿一定处于半梦半醒之间。对她来说，当

---

① 宫务大臣（Lord Chamberlain）是英国王室的高级官员，主要责任是向英国君主提供咨询和进谏。——译者注

她被称为“尊敬的女王陛下”时，这个无上荣耀的新头衔一定听起来有些新奇，尽管为了让自己适应这个称呼，她很可能经常低声地称自己为女王。当她的小手第一次接受表示绝对效忠的吻手礼时，她还是会异常激动和兴奋。有些记述中写道，当她完全意识到自己当上女王时，她突然泪流满面。还有一些记述着重描绘了她出奇的冷静和沉着。我更相信她流泪了，不仅因为对一个如此年轻的人来说，成为“危险而高贵的君主”是件庄严而可怕的事情，还因为当她听到粗鲁、缺乏爱心的国王叔叔威廉四世驾崩时，她感到敬畏和悲伤，这是女人的天性，而且此刻流泪很合时宜。我相信，毫无疑问，女王说的第一句话是对大主教说的，而且这句话很简单，仅仅是“我求你的恩典，为我祷告”。大主教当即为女王祷告。同样毫无疑问的是，正如前文所述，当上女王后，她所做的第一件事就是，给阿德莱德王后写一封慰问信。在表达她的同情之后，她恳求她“亲爱的婶婶”继续住在温莎，她愿意住多久，就住多久。在这封信中，她用的称呼是“王后陛下”。旁边有人提醒她，国王的遗孀现在只能被称为“太后”。“我很清楚，”维多利亚回答道，“但我不想当第一个提醒她现在身份的人。”我说不出我有多喜欢她的这种做法。奇妙的是，许多目睹女王陛下的平静、温柔与高贵的人，都在讲这件事。几个小时后，她会见了教会和国家的高官、王子及贵族，接受他们绝对忠诚的宣誓。然后，她坐在临时王座上开始了她的第一次演说。王室的王子坎伯兰公爵和苏塞克斯公爵，女王陛下的叔叔，首先进行效忠宣誓。格雷维尔说：“当他们跪在她面前，宣誓效忠并亲吻她的手时，我看到她满脸通红，仿佛她感觉到君臣关系的强烈差异，而这是她情感流露的唯一迹象。”

当她进入房间后，她首先亲切地吻了那些年迈的叔叔，并走向身体非常羸弱的苏塞克斯公爵。

格雷维尔说，这么多男士上前去亲吻她的手并跪拜她，其中包括拿破仑的“征服者”——指挥千军万马的将军和公爵，这似乎令她很困惑，但她的仪态并没有任何变化，也没有对任何人表现出特别尊重，甚至对首相墨尔本勋爵也没有表现出任何特殊之处。据说，她很喜欢墨尔本勋爵，他是她非常信任的老朋友，也是她最喜欢的首相。

大家也请求女王宣誓，并确保“苏格兰教会的安全”。她忠实地履行了这一誓言。事实上，她不时受到那些善妒的英国国教的捍卫者的指责，说她对苏格兰教会及其牧师过于宽容。

在肯辛顿宫举行的这个盛大而庄严的仪式上，为了哀悼去世的国王，年轻的女王穿着非常朴素。与此同时，圣保罗大教堂为死去的国王敲响了大钟，于是仪式就变得更加庄严肃穆了。

坎伯兰公爵（1771—1851），
维多利亚公主的叔叔

苏塞克斯公爵（1773—1843），
维多利亚公主的另外一位叔叔

坎特伯雷大主教（右）和宫务大臣（左）宣布维多利亚公主为英王

她似乎把一切都考虑周全了，她派人请来阿尔比马尔勋爵，提醒他，根据法律和先例，必须在第二天早上10点，从圣詹姆斯宫的一个特定窗口宣告她是女王，并要求他派人将她护送到圣詹姆斯宫。然后，她庄重优雅地向她的王叔、大主教和内阁大臣们欠身致意，并像她来时一样，独自离开了房间。

第八章 接管枢密院

精彩看点

维多利亚少女时代的最后一天——在圣詹姆斯宫宣布登基——接管枢密院——人们对她举止的评论——母亲精心照料和培育

在我看来，刚刚描述的那一天是维多利亚少女时代的最后一天，对她来说意义非凡。作为女王，治理国家的伟大与权力使她提前进入成年时期。她一定会疲倦不堪，紧张不安，所以她需要更多的睡眠。然而，当她上床睡觉时，就会发现她已经不能再和母亲在同一间屋子里安寝了。不知道当夏日的阳光从她的视线渐渐消失，想到她的生命要像太阳一样灿烂，她要在黑夜里前行，去照亮她广袤的领地和无数的臣民，而她只是一个从清静之地而来，刚刚离开睿智的母亲的温暖怀抱与悉心照料，独自踏入世界的小女孩，她会不会既害怕又兴奋呢？

第二天，她在许多王公大臣、公爵和贵族夫人的陪同下，由皇家近卫骑兵团与布鲁斯乐队护送，进入圣詹姆斯宫，在君王会客厅朝着王宫大院的那扇窗前，正式宣布即位。宫廷的编年史官说，女王陛下身着一袭黑色丝绸长裙，头戴一顶黑色女帽，脸色看起来比平时更苍白。提及当时的场面，马丁诺小姐说：“年轻的女王站在那里，出于对先王的哀悼，她衣着简朴，柔顺的棕色

圣詹姆斯宫。这里是维
多利亚女王继位的地方

圣詹姆斯宫中的国王内室

圣詹姆斯宫中的王后内室

圣詹姆斯宫中的侍卫室

头发跟她的衣服一样朴实无华。当站在她身旁的墨尔本勋爵向人们宣布，她是他们的君主时，泪水沿着她的脸颊流下来。……她脸的上半部分真的很漂亮，看起来天真无邪，诚挚热情，充满了希望。”

仪式结束后，“小女王”在窗口停留了一会儿，她眼含泪水朝着热情友善的臣民致意、微笑，第一次亲耳聆听专门为她演奏的国歌，然后就和她母亲一起离开了。在仪式的整个过程中，她的母亲虽然站在不那么“显眼”的位置上，却非常关切地注视着自己的女儿。

中午时分，女王召开枢密院会议，据说，“她轻松自如地主持着会议，轻车熟路，就好像她一生就做着这一件事一样”。下午 1 点，她回到肯辛顿宫，一直待在那里，直到国王威廉的葬礼结束。

可以肯定的是，这个年轻的女王在她执政的头两天的行为举止，令那些精通教会和国家事务的人们迷惑不解。格雷维尔从不轻易赞美一个人，却不断地赞美她的亲切优雅、沉着冷静。他说，她的“和颜悦色，青春活力，极大地激发了所有想接近她的人的兴趣，”他谦逊地补充道：“我也总是情不自禁”。格雷维尔引用皮尔所说的话，他“对她的处事方式和行为举止，对她深切的使命感以及她的谦逊与坚定，感到惊讶不已。她似乎感到敬畏，但不气馁”。

同样，惠灵顿公爵也赞美了她的勇气。

现在，如果那些了不起的男人们不是出于礼貌和忠诚极大地把她理想化，那么维多利亚就是一个非凡的年轻女人。在国王驾崩的前几天，格雷维尔写道："由于所有人都忽视了公主的能力、性格和气质，所以大家随意猜测，致使事情如此不确定。她是在母亲的庇护下长大的——她一直睡在她母亲的卧室，除了她母亲和男爵夫人莱森，她从来没有和其他人单独相处过。那些熟悉她的人——肯辛顿宫里的随从，甚至诺森伯兰公爵夫人和她的家庭女教师，都不清楚她会成为怎样的一位女王以及她会承诺些什么。"维多利亚登基后的第一天，格雷维尔写道："她表现出良好的品位、良好的感觉和良好的判断力，没有什么比她给臣民留下深刻印象更有意义，也没有什么比她的行为举止和所作所为更出色。……威廉四世在年近65岁时才登上国王的宝座，这令他异常兴奋，几乎疯了。……年轻的女王或许会因为作为女王所拥有的巨大权力和新奇而感到眩晕或者迷惑，但实际上她似乎并没有眩晕，也没有迷惑，而是表现出超越她年龄的得体、端庄而稳重的举止。"

上天无疑赋予了维多利亚善良的品性，但她的无上勇气，镇定自若，虚怀若谷，简单朴素，坦率爽直以及令人惊讶的、良好的判断力，在很大程度上，应该归因于她母亲对她进行的独特而系统的训练，她母亲的规诫和榜样。这位受到很多人批评的肯特公爵夫人在先王的宫廷里如此不受欢迎，格雷维尔先生也不会乐意去褒奖她。然而，这位善良勇敢的公爵夫人多年的“流放生活”终于得到回报，她所有的辛苦和无微不至的照顾，对她的所有批评、曲解和误解，都在6月那个宣布她女儿继承王位的下午得到了回报。那天，在她与她的女儿一起骑马从圣詹姆斯宫回肯辛顿王宫的路上，她女儿的行为举止是那么得体，而她的女儿就是女王！她是多么为她的女王感到骄傲啊！

第九章 女王搬进白金汉宫

精彩看点

英国国王同时是汉诺威国王——汉诺威与英国分离了——萨瑟兰公爵夫人——国王威廉的葬礼——女王和家人搬进白金汉宫——查姆斯·萨姆纳的评论

自布郎斯维克家族统治英国以来，英国国王同时是汉诺威国王。同时管理两个王室的事务一定有点儿困难，处理起来一定纷繁复杂。就像骑着“两匹马表演”，两匹大小极为不同的马之间要有一个宽广的空间。然而，那个小王国里盛行萨利克继承法，所以它的王冠会移交给男性继承人——显然，坎伯兰公爵连同这个古老的公国与英国永远分开了。这正是维多利亚女王陛下是一位女性的损失。在她登基一两天后，欧内斯特国王来肯辛顿宫辞别女王，她亲切地亲吻了她的叔叔和兄弟国的君主，祝他一路平安，并祝愿汉诺威人快乐。

现在，汉诺威既没有国王，也没有王国。当德皇威廉将德国那么多公国纳入他的大帝国时，他高兴地哼唱着古老的塞克斯顿歌曲，“我要他们都加入进来！我要他们都加入进来！”他占领了汉诺威，让它从此成为伟大普鲁士鹰的一翼。据说，最后一个国王进行了英勇抵抗，他率领他的军队冲锋陷阵，尽管他这么做十分盲目。也许因为他太盲目了，所以看不到自己的弱点。当他被赶下王位时，他依旧坚持使用王室头衔，但人们只是称他的儿子为“坎伯兰公爵”。这个王子和德国其他小公国的王子一样，对德皇的征服提出抗议，但那个固执的老人还是继续用手帕拼出一张帝国版图。

人们认为年轻的女王的新王室非常了不起，特别是侍奉女王的女士们的等级、性格和个人魅力都令人满意，其中萨瑟兰公爵夫人尤以美丽端庄著名。萨瑟兰公爵夫人是英国最优秀的女性之一，她当上祖母时容颜依旧，而大多数女性在这样的年龄早已风韵不再了。

国王威廉的葬礼在温莎城堡如期举行，仪式非常隆重。遗体停放在富丽堂皇的滑铁卢厅，上面盖着一个华丽的紫色棺罩，放着几个皇冠和王室徽章。当遗体被送往圣乔治教堂时，主教、贵族及内阁大臣紧随其后。随后，庄严肃穆的葬礼在这里举行。然而，比起所有的事情，对他来说更好的是，一个善良的女子在静静地哭泣。她半掩在暗淡的窗帘后，一直看着，听着，最后又亲眼看着丈夫被葬在王室陵园中，入土为安。在那里，他们的女儿在黑暗中等着他，那个可怜的小公主一生极其短暂，但却取了个很长的名字——伊丽莎白·乔治娜·阿德兰托，没有子嗣的王后曾经希望听到她被尊称为“英格兰伊丽莎白二世”。

盛夏时节，女王、肯特公爵夫人和她们的大家庭从肯辛顿宫搬到白金汉宫。那时，白金汉宫是新建的，里

白金汉宫。这里是维多
利亚女王的寝宫

1837 年，为迎接维多利亚女王登基，白金汉宫外一片忙碌

面是优雅奢华的房间，但外部既不漂亮，也没有富丽堂皇的气派。除温莎城堡外，其他英国皇家宫殿都不能称为美轮美奂的建筑典范，或奢华的宫殿代表。我国的一些铁路大亨的府邸在某些方面超过了这些宫殿，而许多英国贵族的府邸与这些宫殿相比，外观更加宏伟，并藏有更丰富的艺术珍品。肯辛顿宫并不美丽，但它古色古香，风景如画，可以说是乔治亚建筑风格的代表：这里散发着古老王室的气韵，如诗歌般浪漫而优雅。安妮女王统治时期的文学和艺术都和这里有特殊的联系。维多利亚女王离开这里时，在她那个年龄，记忆并不怎么重要，毫无疑问，“搬离老房子，乔迁新居”应该是一件很开心的事。然而，在她的母亲和丈夫过世后的漫长岁月里，她肯定经常热切地回到与母亲一起宁静快乐地生活过多年的地方，深情地回忆她与表弟阿尔伯特一起度过的第一个短暂的季节。

她走进新家，还没来得及打开行李箱，就需要参加一个盛大的游行和阅兵仪式。当她走向议会大厦去正式解散议会时，天气晴好，从白金汉宫到议院的路上，道路两边都挤满了人。当盛大的队伍和年轻的女王缓缓走过时，人们欢呼雀跃。当时的《伦敦时报》热情洋溢地描述了她出现在上议院时的情形：“3 时 20 分，女王陛下在掌礼官的引导下，与随行的国家高级官员进入上议院——所有的贵族及贵族夫人都在嘹亮的号角声中站了起来，并一直站立着。女王陛下身穿一件绚丽的绸缎礼袍，肩上系着飘带，头戴一个华丽的钻石头饰，颈上挂着一串项链和一个硕大昂贵的钻石胸饰。她登上宝座后，正在等待的上议院贵族将深红色天鹅绒皇家斗篷披在女王陛下的肩上。”这就是六年前给自己买了顶草帽，并拿在手里带回家的那个小女孩！不知道在那一刻，她的母亲是不是已经不敢相信，这个光彩照人的女王就是她的小维多利亚！

《伦敦时报》写道：“女王陛下坐在她的座位上，似乎被作为女王的新奇和重要性深深地感动了，所有的贵族，无论男女，都将目光聚集在她的身上。”我敢肯定，她一定觉得“女性”的目光更为犀利。《伦敦时报》继续写道：“她起伏不定的胸脯明显透露出她情绪的变化，她佩戴的钻石胸饰闪闪发光，就像太阳的光辉照耀在波涛起伏的海面上。”这种默默无声、目光犀利的观察，似乎令她过于不安，结果她忘了，她坐着，而那些贵族及贵妇们却还站立着，直到站在她身边的墨尔本勋爵提醒她，她才回过神来。接着，她优雅地低下头，低声说：“我的贵族们，请坐！”贵族们这才落座，他们的妻子与女儿们也坐了下来。

“当她开始念她的演讲稿时，她又变得泰然自若了，她的声音响彻了整个会议厅。”《伦敦时报》还评论道：“她的举止十分优雅、谦逊而且镇定自如。”

墨尔本勋爵（埃德温·亨利·兰西尔绘）。墨尔本勋爵是威廉四世时期的首相。维多利亚女王登基后，他成为女王的宠臣

查姆斯·萨姆纳，一位来自波士顿的年轻的美国人，一个顽固的共和党人，也旁观了这个罕见的盛大庆典。查姆斯·萨姆纳是个学者。他没有被钻石的绚丽光泽所迷惑，而是很赞赏女王陛下的演讲。在写给朋友的一封信中，他写道：“我很惊讶也很高兴，她的声音如此甜美怡人，语调把握得非常到位，每个字的发音都很清晰，而且还照顾到词汇的意义。我想我从未听到过如此美妙的演讲，当仪式结束的时候，我只能如此回应菲茨威廉爵士的话：‘她做得多么漂亮啊！’”现在，想到一个纤弱的 18 岁姑娘来到立法大会上，严肃地告诉立法者们，他们可以回家了，而他们中的很多人已经头发花白，甚至谢顶，且高傲自大，大腹便便。这多么奇怪啊！

Queen Victoria

第十章

女王痴狂的崇拜者

精彩看点

布莱克伍德——同时期作家对年轻女王的评论——白金汉宫的新宝座——惠灵顿公爵讲了一件动人的趣事——女王坚持偿还父亲的债务——疯狂的爱慕者——她尝试改变生活——女王掌管温莎城堡

Queen Victoria
维多利亚女王传

布莱克伍德的一位作家谈起那时的女王时，说："她用她的温柔亲切、优雅的举止和美貌'赢得了各个阶层的人们对她的尊重和爱戴'。她更像布朗斯维克家族的人，而不是科堡家族的人，她的品味更是如此。乔治三世在位时，人们对他的沉着冷静、真诚以及标准的英国外表赞不绝口，而此时她的孙女不仅延续了这一切，并且青出于蓝胜于蓝。"

女王陛下像极了那个固执、勤恳、一丝不苟的老国王。老国王诚实的面孔渐渐从英国过去的钱币上逝去，慢慢为女王的头像所取代。

这位作家谈到女王的容貌时，说："她个头不高，但体形很好；头发是深亚麻色的，眼睛很大并且呈浅蓝色。"一天，一位在女王刚刚登基时经常见到她的朋友对我说："设想女王拥有当时人们极力刻画她时的所有迷人的品质，设想她的出生和命运是多么幸运，就大错特错了。她真的是一个非常可爱的女孩，肤色细腻、精致，宛如盛开的玫瑰，眼睛又大又蓝，额头宽宽的，看起来率真极了。”

几天后，白金汉宫放置女王宝座的房间里安装了一个新宝座，这件事在当时轰动一时。新宝座宏伟大气，是按照英国当时最新潮的样式来设计的，它的华美昂贵足以与示巴女王、季诺碧亚、克丽奥佩特拉或塞米勒米斯等人的宝座相媲美。宝座是用深红色的天鹅绒和丝绸制成的，并装饰着大量的金色刺绣、金色的花边以及一串串金色的流苏。年轻的女王高兴地试坐了一下，并表示：它很舒适，她长这么大还从未坐过如此舒适的宝座。

年轻女王的两个故事让我感触颇深。一个故事是惠灵顿公爵讲的。在军事法庭的审判上，惠灵顿公爵把死刑判决书呈给她，并请她签字。她对这个可怕的工作感到震惊，眼中含着泪水问惠灵顿公爵：“你就不能替他说点儿什么吗？”

惠灵顿公爵回答道：“没有什么可说的，他已经当了三次逃兵了。”

“哦，仁慈点儿，再想想！”

“好吧，女王陛下，他当然是个糟糕的士兵，但有人说他的性格好，作为平民，他可能会是一个好人。”

女王说：“哦，谢谢！”随即快速写下“赦免”二字，并在下面写了她漂亮的签名。

这不是她最后一次做这种仁慈之事。后来，议会决定将签署死刑判决这个任务交给皇家委员会来完成，这

示巴女王与所罗门（康拉德·威兹绘）。根据《圣经》记载，示巴女王是埃塞俄比亚富甲天下的女王，她曾携带无数珍宝来见以色列国王所罗门

季诺碧亚女王深情地凝望着帕尔米拉王国（赫伯特·古斯塔夫·施迈茨绘）。季诺碧亚是叙利亚帕尔米拉王国女王，后在反抗罗马帝国的战争中被俘

克丽奥佩特拉与恺撒（让 - 里奥 · 杰洛姆绘）。克丽奥佩特拉亦即著名的埃及艳后，托勒密王朝女王，恺撒的情妇

塞米勒米斯获悉巴比伦起义的消息（乔瓦尼·弗朗西斯科·巴尔别里绘）。塞米勒米斯是亚述女王，巴比伦城的建立者。她生得倾国倾城，治国严酷。巴比伦曾反抗她的残暴统治表面上是“减轻女王陛下履行职责的痛苦”，实际上不信任女王陛下那颗柔软的心。她一时的怜悯和同情，会干扰严肃的军纪，影响与马伍德先生的诚实贸易。

墨尔本勋爵告诉我另一个故事。登基后，女王开启了绚丽的令人激动的新生活。不久，在会见首相时，年轻的女王说：“我要偿清我父亲的债务，我必须这样做。我认为这是一个神圣的责任。”最后，她当然这样做了。女王还送给那些最大的债权人贵重的盘子，以表达她的感激之情。墨尔本勋爵说，她用这种方法表达她的谢意时，这位好女儿的率真和诚挚让他热泪盈眶。在我看来，对任何年轻女人来说，要感动像惠灵顿公爵这样铁石心肠的老兵，像墨尔本勋爵这样世故的政客，就好像让随处可见的衰老而世俗的人们感受第二次青春浪漫与骑士情怀一样不可能，因为他们手里掌握生杀大权，擅长外交辞令。

我想，对于现在的年轻人来说，特别是美国人，不可能理解四十六年前英国百姓对年轻的英国女王的热情与兴趣。老人对于女王肩负的重大责任疑惑地摇摇头，而年轻人则梦想成为她那样的人。对年轻女孩而言，她让童话中最富于想象的浪漫故事成为真实。她激发出所有年轻人的骑士精神，他们渴望为她冲锋陷阵，或者像骑士一样去冒险。她激发了演说家和诗人的灵感与想象力。当有人说废黜“只是个孩子的女王”，让坎伯兰公爵取而代之的疯话时，伟大的奥康奈尔用小号般的语调说道：“如果有必要，我可以让五十万勇敢的爱尔兰人去捍卫深受人民爱戴的现任英国女王的生命和荣耀。”他的语调赋予他的爱尔兰口音以尊严。啊，彼时的情形与现在真是有着天壤之别！今天“勇敢的爱尔兰人”根本不知道奥康奈尔，他们更愿意炸毁英国女王的宫殿，包括宝座在内的一切。

据说，当时充满了浪漫和幻想的查尔斯·狄更斯，着魔般想象着这位美丽的女王与她的命运。在那段时间里，他的朋友都觉得他成了偏执狂。其他富于想象的“水平”（使用一种美式表达）没有这位大作家高的年轻人，实际上疯了——“纯属愚蠢”——他们忠诚于王室的激情荒谬得近乎痴迷，令人不开心。在女王离开肯辛顿宫之前，她深受一个固执的乡下仰慕者的困扰。他是一位令人尊重的绅士，经常幻想着他命中注定会成为女王陛下的丈夫，而且这也是他的责任。他或许更喜欢幽静的田园生活的乐趣，但作为一个忠诚的爱国者，他随时准备做出牺牲。他每天早上都会驾着一辆时髦的四轮马车去肯辛顿宫，询问女王陛下的健康状况。有那么几天，他还贿赂了那些看管花园的人，让他帮助他们在女王房间对面的水池边除草，希望能看到女王站在窗口，并且让女王看见他。而每天一到傍晚，他便换上象征财富的绅士的衣服，并驾着马车跟在正在兜风的女王和公爵夫人的车子后面。无论她们的马车走得快慢，他都紧随其后。在女王离开肯辛顿宫的最后一个晚上，她们坐车出去兜风，在哈罗路下车走了一小段，很错愕地看见这位先生跳下马车，急切地走上前来。公爵夫人派一位侍童去见他，请他不要与女王殿下打招呼，从而让女王烦心。但侍童的劝阻并没奏效，他依旧坚持往前走，威严的女士们不得不上马车返回肯辛顿宫。第二天早上，当女王从老家搬走时，这位先生就驾着马车等在大门口，他赶在她们前面到达白金汉宫，准备在那里给他们一个热烈的欢迎。有一段时间，他经常在皮利米克徘徊，后来，他的朋友控制了他，将他说服了。于是，他“年轻的爱情梦想”就这样结束了。

年轻的女王对这种狂热的追求者，可能会报以哈哈大笑，但当她结婚后出席公众活动的时候，基督国家最年轻最帅气的王子经常陪在她身边。这些狂热的追求者就变得不顾一切，甚至不达目的不罢休。于是，他们就开始枪击，致使事情变得严重起来。后来，再也没有坐着马车的年轻绅士来扰乱她平静的生活。现在，疯狂的追求者都是一些可怜的穷苦人——他们很穷，穷到买完手枪都没有多余的钱去买弹药。有一次，一个狂躁的芬尼亚会[①]的成员拿着一个裹着一块红布、没有任何杀伤力的破烂武器，指着女王。还有一次，一个名叫宾的驼

① 芬尼亚会是19世纪爱尔兰争取民族独立的反英运动组织。——译者注

背小伙子在枪管里装上纸和几块黏土，然后“袭击”了女王。据说，宾逃窜的那段时间，对伦敦驼背的穷人来说特别难熬，甚至其中有些人被捕。更不幸的是，有些人上街时，在毫无防备的情况下，后背遭到警察重击。警察粗暴地说：“你是我的囚犯。”那段时间令穷人不堪重负，直到宾被捕获，而年轻的女王这才重回幸福快乐的生活。

8月，她入主温莎城堡，这真是一件喜事。她的母亲公爵夫人也搬了过来，这次她不会受到责备和辱骂了。很快，她们的亲朋好友来了——很多国王和王后，其中有利奥波德舅舅和他的第二任妻子，法国国王路易·菲利普[①]的女儿。

王室的年轻管家似乎非常喜欢向访客们展示她的新家。她的温馨的小家就建在泰晤士河旁。她带着他们四处逛。“上楼，下楼，这是公爵夫人的卧房，”看看装满瓷器和银质餐具的壁橱、陈列调味品的储藏室和散发着薰衣草味道的大亚麻布箱子。

不久，他们就顺利到达布莱顿。其间，皇家马车列队经过一个个凯旋门，一排排小学生向他们撒着玫瑰花瓣，唱着赞歌。在布莱顿，人们耗用了许多时尚而昂贵的大丽花。据说，当时用作装饰的大丽花不少于两万朵。

① 路易·菲利普（1773—1850），法国国王，1830年七月革命后取得王位，建立七月王朝；1848年二月革命中被推翻，亡命英国。——译者注

维多利亚女王遇袭

然而，可悲的是，用花点缀场合的做法华而不实。令人扼腕叹息的是，女王到达亭苑门口时，本来会有一次演讲。演讲稿是在大量阅读历史文献的基础上，用经过千锤百炼的充满诗意的语言写成的，要向女王表达最热情洋溢的忠诚，但由于一些疏忽，女王没有等待演讲，而是径直走了进去。

大约就是在这段时间，精神病院关满了病人。一个星期内，两个男人接连被捕，经诊断确认为精神失常，然后他们就被关进了精神病院，以防威胁到女王和肯特公爵夫人的生命。事实上，维多利亚女王的一生并非处处繁花似锦，芳香四溢，而她的臣民也不全是主日学校[①]的学者。

① 主日学校（Sunday-school）有时也称“安息日学校”，是基督教教育机构，其功能通常但并非总是照顾儿童和其他年轻人。——译者注

第十一章 女王登基那天

精彩看点

市政厅的宴会——维多利亚作为女王在温莎古堡的第一个圣诞节——纽顿·克罗斯兰夫人的回忆录——空前热闹气氛中的表演者——贵格会教徒的冷静——首次发行印有维多利亚女王头像的金币

在市长纪念日，女王陛下与“大伦敦镇的国王”一起用餐。这是一个令人难忘的伟大时刻。女王在宫廷绅士和女士们的陪同下来到市政厅，随行的还有许多王室成员、大使、内阁部长和贵族。共有200辆马车负责将他们送到那里。这一天正好是全民休假日。这支豪华的车队所到之处，街道两边都挤满了忠诚而激动的人。他们大声呼喊着，挥舞着帽子和手帕。大概就在这一天，阿尔比马尔勋爵灵机一动，说出了他著名的双关语。当时，女王对他说：“我的伦敦臣民看到我，不知道他们会不会像我看到他们一样高兴？”阿尔比马尔勋爵指着字母“V. R.”说道：“女王陛下请看，忠诚的伦敦人正用伦敦腔回答，‘我们很高兴’”。

有个报道说：“一路上，年轻的女王被欢迎她的人们表现出的极大热情和忠诚所感染。”在我的朋友纽顿·克罗斯兰夫人，一个有魅力的英国小说家和诗人，对当时情景的描述中，女王的行为举止非常完美。我的朋友说：“1837年11月9日，也就是女王登基的那天，我很清楚地记得，在年轻的女王去市政厅与市长用餐的路上我看到了她。人群涌动，道路非常拥挤。行进的队伍堵在斯特兰德大街一座房子的窗户底下，我很幸运，因为当时我就站在那里。我永远不会忘记那一刻我所看到的女王的容貌。尽管她很年轻，但浑身上下都散发着女王的气质。背对马匹而坐的是一位女士和一位绅士，他们是女王的女侍长萨瑟兰公爵夫人和骑兵统帅阿尔比尔马勋爵，他们身着宫廷礼服。女王陛下就坐在他们对面的座位中央。我看到她身穿粉红色绸缎裙，外面披着一件天鹅绒大氅。天鹅绒大氅裹住了她的脖子，一张年轻秀美的脸庞露了出来——蓝色的眼睛里充满了善良和智慧。宛若盛开的玫瑰般的少女气质浮现在她的脸上，她头戴一个熠熠生辉的钻石皇冠，像她早期的画像一样，柔顺的浅棕色头发编成了辫子。她戴着白色手套，手轻轻地放在腿上。

“在这种场合下，不仅街道两边挤满了人，而且沿线的房屋的窗户上也挤满了人。男人和男孩甚至不惜置身于危险的位置，他们爬上屋顶、灯柱、树木和栏杆去看热闹。看到皇家马车快要驶过来时，他们一起高声欢呼。

“在这个日子的早些时候，女王的马车夫讲了一个悲伤的故事，他说在给女王陛下赶马车的六个星期里，从未见过女王，当然，那是因为他只能专心赶车，不能转过头来看女王。”

在圣典酒吧区——那个破旧的圣典酒吧区已经一去不复返了——市长迎接女王时，把象征城市的钥匙和宝剑都递给了女王。女王又将它们移交给了市长，由市长来保管。在这之前，基督医学院的学生——“蓝色外套男孩”——给她送上了祝福，说他们很赞成女性来统治他们。男孩子说这样的话比较难为情。随后，他们铆足了劲开始唱国歌。

市政厅的会客厅布置得十分华丽。市政权贵在这里发表了讲话。在这些王子和贵族的簇拥下，女王陛下执行了一项勇敢且令人难忘的任务。她将蒙蒂菲奥里警长封为爵士。在他的家族中，蒙蒂菲奥里警长是第一个从英国君主那里获此殊荣的人。现在，摩西·蒙蒂菲奥里爵士已将近百岁。从那以后，他过上了贵族生活，于是，就勤勤恳恳地工作，来回报女王陛下赐予的荣誉。然而，若她的叔叔，已故的国王，见到她将一把基督徒的剑放在一个犹太人的肩膀上，他会说些什么？他可能会像彼得一样，用剑砍掉这个不信仰上帝的人的双耳。

仪式结束后，他们都进入了大厅。大厅装饰得金碧辉煌，非常华丽，悬挂着各种精美的镀金饰品，许多镜子和大量的金银盘子反射的光泽交相辉映。这些金银盘子大多是专门为这次正式宴会从贵族和绅士那里借来的，它们可以跟社团与市政公司的盘子媲美。屋顶上悬挂着两个装有彩色玻璃和棱镜的枝形大吊灯，闪烁着无数的

维多利亚女王的女侍长萨瑟兰公爵夫人（弗朗茨·克萨维尔·温特哈尔特绘）

摩西·蒙蒂菲奥里爵士（1784—1885）

气体喷流，璀璨了华丽的宫廷礼服，与王国最精致最古老的钻石一起构造了一个令人眼花缭乱、光彩夺目的场景。那天在场的所有人都为之疯狂，直到现在，提及那个场景时他们依然非常陶醉。诗人说，这就像是仙境的幻影，是最富有诗意的王国的最高境界——他们都知道。我认为这次娱乐活动的音乐播放工作一定是由一位诗人负责的，因为当维多利亚出现时，立刻就响起了甜美的歌声：

奥里安娜一出现，一切就开始微笑！
哦，快乐美丽的女子！
你的眼睛如北极星般明亮，
你的歌声甜如蜜，
在牧羊人听来比云雀的歌声还要婉转，
绿了麦苗，唤醒了山楂花蕾。

大厅的东端一个升起的平台上安放着王座。这是一把非常华美的座椅，是专门为美丽的女王赶制的。女王在欢快的掌声和赞叹声中坐在王座上。在她前面的平台上，有一张用花朵装饰得很精美的桌子，上面覆盖着昂贵的金边缎布，摆满了最精致的甜点和各种美味的水果。啊，年轻的女王坐在那里，接受衣着华丽的市议员、警长以及市长的致敬。她一定将自己想象得比童话中的公主还要高贵，就像被英俊潇洒的东方权贵们，比如苏丹、总督、帕夏、国王和皇帝，所崇拜的东方女神。

晚餐后，报告员大步走进大厅中央，高声说道："尊贵的市长祝我们最敬爱的君主维多利亚女王健康！"所有的人都举起酒杯向女王致意，祝福声响彻古老的大厅。女王起身并欠身致谢，然后报告员又说了女王陛下的祝酒词："市长阁下，为伦敦的繁荣昌盛干杯。"据说，女王用 120 年的陈酿雪利酒为伦敦祝福，这可是液态黄金啊！假如这杯雪利酒是她提供的，那她真是太慷慨了。我希望，无论如何，女王是怀着敬意饮下这杯酒的。因为这瓶佳酿装瓶的时间，比女王陛下的祖父出生的时间还要早上 20 年，当时美国殖民地像伦敦一样忠诚。那时，古老的波旁王室的最后一个树干，看起来很结实，其实已经从根部腐烂到核心，它的最后一根死了的树枝刚刚在弗洛斯多夫被砍掉；除了在一些野蛮的政治理论家的大脑中，或在一些饥饿的农民的噩梦中，法国人还没想到要发动大革命。当那瓶老酒装满瓶子时，圣典酒吧区，就是女王陛下刚刚微笑着走过的花环拱门的地方，经常挂满叛徒的血淋淋头颅。在那瓶老酒装瓶后的很长时间里，人们在星期五看到男男女女被吊在纽盖特监狱前，他们的尸体在晨风中摇荡，像许多诡异的钟摆。

1837 年，维多利亚在温莎城堡度过了她当上女王后的第一个圣诞节。我想，一定很隆重，她还会收到一些礼物。几天前，她正式去了一趟议会大厦，签署了《新民事清单法案》。对于她来说，执行这项任务并不难，因为该法案确定她终生的年收入是38.5万英镑。让那些妒忌我们总统年收入5万美元、为我们的税收哀号的美国人，把这笔收入换算成美元看看吧。可是，英国百姓虽然抱怨女王的前任居然要求这么一大笔款项，但他们并没有抱怨女王的高收入，因为他们知道，年轻的女王不会鲁莽地挥霍人民的财产，他们希望，在众位君主中，他们漂亮的女王陛下一定要衣着光鲜，卓尔不群。当时女王还没有展示出她令人钦佩的性格上的特质。后来，这些特质为她赢得了人们的尊重和爱戴。他们喜欢她，并对她有一种好感，就好像他们都是孩子，而女王则是会新式说话与走路的漂亮完美的新布娃娃。我引用我朋友克罗斯兰夫人写给我的话："我认为怎么夸大英国人对维多利亚继承王位的热情都不过分。为了能够充分理解它，我们必须回忆她之前的历任君主——水手国王就是一个普通的老人，他的头就像个凤梨；乔治四世是一个非常不受欢迎、不起眼的国王，只拥有有少数托利党追随者；可怜的乔治三世只是一个虚弱、痛苦而盲目的老人，维多利亚女王是他的王位继承者，他被长期关在英国皇家植物园内，他的臣民从未见过他。然而，维多利亚不仅是一个非常可爱的女孩，而且她是作为自由党人被培养长大的。另外，她阻止了令人讨厌的坎伯兰公爵登上王位。或许，人们夸大了他所犯的那些滔天罪行，但我不记得还有哪位王室权贵会这么招人恨。”

出于对坎伯兰公爵的恐惧，英国人对女王的过早结婚感到焦虑，之所以让他们感到恐惧，是因为他们犹记得可怜的夏洛特公主的命运。但我不认为这种政治或王朝的问题与年轻女王的受欢迎程度有关。这是因为她体现了布朗斯维克王室逝去尊严的复兴，体现了她臣民心中奄奄一息的忠诚感的复兴。女王陛下的臣民中，只有上层阶级、演员和贵格派教徒对女王登基非常冷淡，前者也许是因为太多虚假的忠诚而怀疑真正的忠诚；而后者则是因为从婴儿时期，他们接受的训练就是要无视这个世界的排场和盛况。麦克里迪在他的“日记”中记录下点点滴滴的小事。他写道，女王陛下来到他的剧院观看他的演出，并在演出结束后等着祝贺他。他说她是“一个漂亮的小女孩”，但他并没有因为女王的恭维之词而得意忘形。约瑟夫·斯特格是伯明翰最杰出、最有爱心的慈善家，是所有“有需要的人”的真正的“朋友”。在女王登基不久后，他曾作为教友会[①]的代表之一拜访过女王。几年后他给我讲述了当时的情形，在他口中，女王

① 教友会（Society of Friends），又译“公谊会”，是17世纪中期乔治·福克斯在英格兰创立的新教教派。此派常被称为“贵格会”（Quakers），因为他们宗教感情强烈，耳闻上帝之言会激动得颤抖（quake），故名。起初人们称他们为“贵格”是取笑他们。教友会认为上帝给每个人以“内心灵光”，依靠思索、过纯洁的生活及祈祷，人人都可获救。——译者注

是“一个漂亮、愉快、谦虚、温和的年轻女士，优雅却有点儿害羞，总体而言，很清秀。”

我问道：“你亲吻她的手了吗？”

“哦，是的，我发现只要充满敬意就不难做到。我向你保证，这是一只漂亮、柔软、精致的小手。”

后来，我感到遗憾的是，我没有问他在即将被带去见女王的时候，他是怎么处理他的宽沿帽子的，因为我知道福克斯和佩恩的原则是禁止他向任何人致敬时摘掉帽子。但我在宫廷记录中发现，“根据习俗，皇家卫士让公谊会代表团，通常被称作‘贵格派’，脱帽致敬。”由于他们都是不抵抗者，无疑他们被动而平静地接受了这种侮辱。此外，如果他们没跪拜，他们也都向坐在王位上的女王鞠躬致敬，而且吻了她的手，以示他们的忠诚。

1838 年 6 月，第一枚在背面印有女王头像的金币发行了。我们也可以从流通到现在的银币和铜币上看到同样精力充沛的年轻头像。铜币上的头像虽然有点儿不同，但一样很漂亮。女王陛下的头像如此美丽、如此惟妙惟肖，令她的忠诚的臣民们喜欢，就算穷人也希望拥有得越多越好。

第十二章 加冕大典

精彩看点

盛大的加冕仪式——从白金汉宫开始的大游行——“致敬之椅”——合唱团唱赞美诗——坎特伯雷大主教的介绍——圣爱德华之椅——跪拜、亲吻女王——女王领圣餐

加冕仪式定于1838年6月28日，距女王登基一年有余。

对这个盛大、程序复杂的仪式，女王显得稍有不安。例如，接受来自世俗贵族和宗教僧侣的敬意。依据惯例，他们都需要跪拜女王，并誓死效忠，然后起身、亲吻她的左边脸颊。她可以承受那些教会老绅士、大主教和主教的致敬，但一想到所有的世俗贵族，无论年龄大小，都要吻她的脸颊，而这些人大概有六百之众，她简直吓坏了。因此，她发布了一条公告，免除贵族绅士的那些繁文缛节，在加冕仪式上，只有王室公爵，即苏塞克斯公爵和剑桥公爵，出于特殊的亲属特权，可以亲吻女王红润的脸颊。其他人只能亲吻女王的手。另一个省略的仪式，是以前在威斯敏斯特大厅举行的一个仪式，它的主要内容是：一个身披铠甲、全副武装的骑士骑马过来，作为王室的代表，向新君主的敌人挑战，并同他们进行殊死搏斗。若是高大威猛的乔治四世，这看来荒唐可笑，但对于年轻的女王来说，这么做会很漂亮，也很有诗意。

但毫无疑问她感觉到，每个英国人都是她忠实的拥护者，这种老旧的形式倒是显得有些虚张声势了。

乔治和威廉的王冠，对于他们的侄女来说，太大也太重了，所以把它弄成碎片，再通过调整珠宝的排列方式，大大减少了皇冠的尺寸和重量。在我看来，我面前这篇描述新王冠的文章，将新王冠描述得过于光彩夺目。

我必须让我的眼睛看到更为朴实的作品。但我可以给这件华而不实的饰品的估价是 112760 英镑！然而，这只是得到光之山钻石之前的估价。

关于加冕典礼，我会尽量给予一个清晰却不完整的记录。

对于伦敦人来说，举行加冕典礼的那天是至关重要的日子。这个美好的日子在庄严的古塔发出的隆隆炮声中开始，与圣詹姆斯公园的炮台发出的礼炮声相呼应。那一天，到处是人山人海！所有的英国人和欧洲大陆的大部分政要都涌进了伦敦。这个大都市里人头攒动，人声鼎沸。啊，我多么渴望将那种热切、嘈杂的生活都忘了，让它变得安静下来啊！

可能之前的加冕典礼中，也有比维多利亚的加冕典礼的场面更壮观的，比如拿破仑和他的皇后的第一次加冕典礼。不过，在现任俄国沙皇于莫斯科加冕之前，再也没有如此盛大的皇家庆典了。俄国沙皇的加冕典礼是在最为悲惨、最为黑暗的背景下举行的，因此它壮观得令人忍无可忍。英国这次的加冕典礼也许不太辉煌，也没有俄国沙皇的加冕典礼那么威严、那么野蛮，因为在那次加冕典礼上，那些被屠杀的疯狂反叛暴君的人的“焦虑不安的灵魂”或许盘旋在上空。那些年轻人与妇女在反对暴政时惨死在红色绞刑架上，死在地牢里，死在子夜的矿山上，死在西伯利亚大雪里；那里一定还隐藏着炸药恶魔。但这个纯洁的年轻女孩相信她的臣民忠诚友爱，依靠上帝的帮助和指导，通过宪法的力量和人民的自由意志登上王位，既然统治者是在盾牌上出生的，她还会害怕什么？我们可以相信，她的加冕典礼的“大批见证者”是极为不同的，他们并不是无政府主义者。如果有凡夫俗子的国家盛典值得不朽的人来到异国他乡的话，那一定就是这个盛典。

大约10时，大游行从白金汉宫开始。最前面的两辆马车坐着肯特公爵夫人和她的随从，每辆马车都由六匹马来拉。女王的母亲穿着非常华丽的衣服，道路两旁的人们一直在为她热情地欢呼。女王当然是坐在豪华的皇家马车里，这辆马车主要是由镀金和玻璃制成，异常壮观。马车由八匹奶油色的马来拉。这些马匹气宇不凡，仪态高贵，白色马鬃自然下垂，尾巴如同山中的瀑布一泻而下。军队和军乐队设在道路沿线，军队向人们展示最新的武器装备，军乐队演奏国歌。“人民，啊，人民！”每个窗户、阳台和门阶上都挤满了人，有些人甚至站在屋顶和烟囱上。女士们和孩子们挥舞着手帕，从阳台上抛下鲜花，下面的喊声和上面的喊声交融在一起，欢呼声响彻云霄。有些报道称，女王陛下“看起来非常好，她似乎精力充沛；看到壮观的场面与她的人民的热情，她非常高兴。”人们认为她一定会是这样的。

女王那天有很多事要处理，所以她必须排练得很好，否则她会被那个复杂的盛大仪式所困扰。当她进入威斯敏斯特大教堂时，她可能会被眼前的景象震惊，很难保持镇静，但实际上这种情况并没有出现。在教堂中殿的两侧，从西门到风琴式屏风，都是为观众而建的一座眺望台。它们用带金边的深红色布覆盖着，下面有军队把守。旧石头地板已经在前任国王的加冕仪式和葬礼举行时磨损了，所以覆盖着席子，上面铺着紫色和深红色的布。就在修道院的中央塔下，在合唱团里，从地板上的五个台阶起，在紫色和金色的地毯上搭起了一个平台，并覆盖着金布。平台上放着一把金色的“致敬之椅”。祭坛附近放着那把呆板、精致的旧椅子，自忏悔者爱德华[1]始，英格兰历代君主都坐在这把椅子上加冕。金色的布隐藏了“旧红砂岩块”，被称为“苏格兰石”。古代的苏格兰国王就是在那块石头上加冕的。后来，英国人把石头

---

① 忏悔者爱德华（约1001—1066），亦称“圣爱德华”，英格兰国王，因虔诚信仰基督教而被称作“忏悔者”。流亡期间，他许下宏愿，一旦国运好转，就前往罗马朝圣。因为国内暗藏危机，所以他未能成行，但他用去朝圣的费用盖了一座大教堂，这就是威斯敏斯特大教堂。——译者注

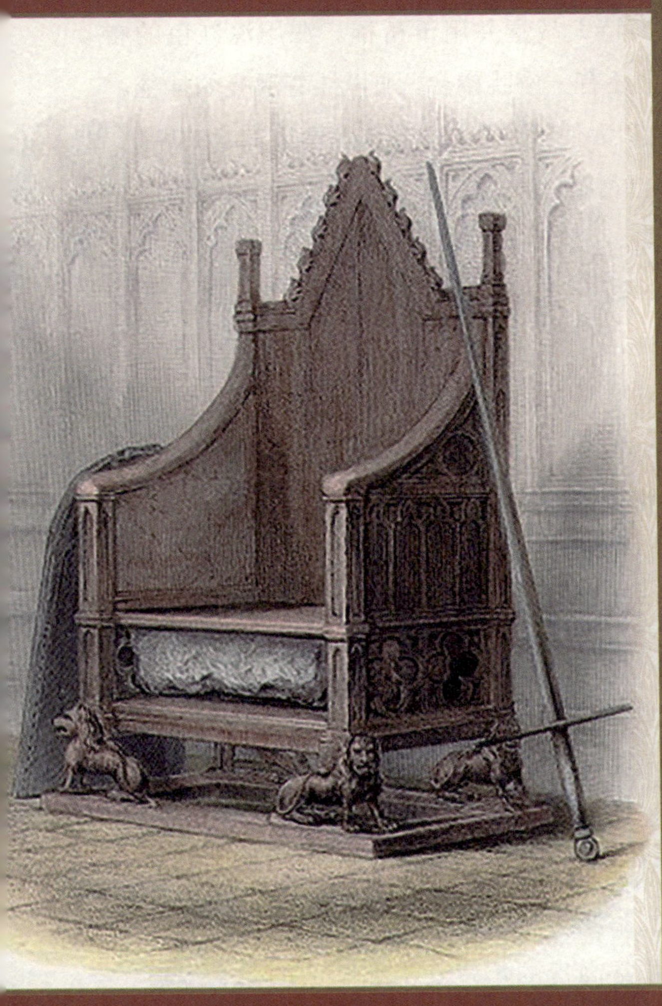

致敬之椅

保留在威斯敏斯特大教堂并用于祈福。在用深红色的布装饰的眺望台上还有一座眺望台，那里挂着漂亮的挂毯。议员、外国君主和大使就坐在这里。在弹奏风琴者的席位，歌手穿着白色的衣服，乐师穿着深红色的衣服，他们看起来都非常漂亮、喜庆。管弦乐队在比较高的位置上，其演奏的音乐回荡在人们的耳旁，时不时产生极其微妙的效果。

赶时髦的人早早起床，许多人在5时前就守候在修道院的门口了。当女王在11时30分到达时，成百上千名穿着精美的晚礼服的女士已经足足等了7个小时。外国君主和大使都穿着华丽服饰；市长大人穿得也极其隆重。他最难对付的竞争者是匈牙利艾斯特哈齐王子，他从头到脚的昂贵珠宝让他看起来闪闪发光，仿佛他刚刚经历了珍珠雪，偏偏又遭遇了钻石雨一般。这些大人物、贵族及贵族夫人能清晰地看到举行加冕仪式的地方。在观看演出时，这个地方则被称为“剧场”。

女王走在华丽的队伍中间。她身穿深红色天鹅绒的皇家礼袍；白色貂皮与金花边点缀着她的衣领；头上戴着一个由八位非常高贵的年轻女士编制成的黄金王冠。据说，看起来“像真正的王”，尽管她很年轻，而且只有四英尺八英寸高。当她进入教堂时，管弦乐队和合唱团开始奏唱国歌。他们的表演很卖力，但声音几乎被宴会大厅热烈的欢呼声淹没了；欢呼声回荡在旧教堂的走廊、拱门和古老的小教堂里。然后，当她慢慢地走向合唱团时，他们开始唱赞美诗 “我很快乐”。接着，威斯敏斯特教堂合唱团男孩甜美的歌声响了起来，他们就像身穿白色长袍、头颅光滑的天使。“维多利亚女王万岁！”啊，在那一刻，她非常庄严地感觉到她是女王。她轻轻地走到放在致敬之椅和祭坛之间的椅子跟前，跪在它前面的“跪拜台”上，温柔而深情地做着祈祷。

当男孩们唱完欢快的赞美诗，坎特伯雷大主教和几个高级官员走到剧场的东边。大主教用洪亮的声音说道：“我向你们介绍维多利亚女王，这个王国当之无愧的女王。今天来到这里的所有人都要表达你们的敬意，你们愿意这样做吗？”这听起来似乎有点儿困惑，但人们理解它，并大喊道：“上帝保佑维多利亚女王！”这种仪式变成了“认可”。这种“认可”又在“剧场”的南边、西边和北边重复进行，每次都由欢呼声、嘹亮的号角声和鼓声来回应。整个仪式中，女王都站立着，每次都把头转向认可她的地方。

人们可能会疑惑，那些表示忠诚的欢呼声，鼓舞人心的小号声和洪亮的鼓声是否打扰到了长眠于昏暗的老教堂里的那些亡灵，毕竟这里躺着美丽的埃莉诺[①]王后、仁慈的菲利普王后、勇敢的伊丽莎白女王和斯图亚特王室不幸的玛丽女王。

① 埃莉诺（1121—1204），英王亨利二世的王后。——译者注

之后进行的是，接收和展示贡品的奇特礼节和仪式、许多祷告、诵读连祷文以及庄严的布道。布道词告诫可怜的女王“追随她的前辈的脚步”。然后，女王进行宣誓。在大主教询问完有关国教的问题后，女王陛下被引领着来到祭坛，跪在那里，把她的手放在圣经的福音书上，用清晰而庄严地语调说：“我将信守并兑现我在这里所许的诺言，所以请上帝保佑我！”

接着，她亲吻了福音书，然后合唱团高声齐唱赞美诗：“来吧，圣灵，将我们的灵魂都点燃”，女王依旧跪着。

一天，我了解到，康诺公爵，也就是亚瑟王子，在参观诺维奇大教堂时，就看到了45年前他的母亲说庄严的加冕誓词时使用的那本圣经。这是一个非常庄严的承诺，但该承诺完全可以理解为维多利亚小时候对她的家庭女教师的承诺——“我会好好的”。

接下来，女王陛下就坐在圣爱德华的椅子上。她的头上挂上一块金色的布，大主教用圣膏给她涂了一个十字形。然后，更多的祷告、形式和仪式进行：神剑和马刺等女性小装饰品奉上了，帝国礼袍、权杖和戒指献上了，最后加冕。这个威严的仪式由三个大主教、两个主教、一个院长和其他几个神职人员合作完成。整个过程都伴随着宗教的礼仪。英格兰大主教恭敬地将王冠戴在那个虔诚的年轻人的头上。当这一切完成的时候，一直专注地观礼的所有的贵族及贵族夫人，把他们拿在手里的或由身边的侍童捧着的冠冕，戴在头上，并大声说："愿上帝保佑女王！"小号声和鼓声再次响起；远处的塔楼和公园的炮台接到信号后，也开始发射礼炮。于是，这座大都市彻底沸腾了。

据说，整个仪式中最神奇的是，贵族夫人们突然同时戴上了冠冕。那场面就如同一弯新月冉冉升起，洒下银色的光辉时，所有的星星突然变得光彩熠熠一般。

然后，劝勉、唱国歌和祝福等仪式相继举行。再经过几个仪式后，女王坐上了"致敬之椅"。在下一个长长的仪式开始之前，女王将象征王权的两个权杖默默地递给她身边的侍从，让她们妥善保管，就像女孩子在戴手套时，将她的扇子和花束递给几个跟在身边的年轻绅士，替她拿一会儿一样。

英国上院的神职议员在大主教的带领下，开始跪拜，并亲吻女王的手，向女王致敬。接下来是苏塞克斯公爵和剑桥公爵，他们摘下他们的冠冕，用它们触碰王冠，庄严地保证誓死效忠，并亲吻他们侄女的左脸颊。女王深情地看着他们。然后是其他公爵、贵族及贵族夫人跪拜，摘下冠冕，用它碰触王冠，并亲吻那只白色的手。当轮到惠灵顿公爵的时候，整个大厅响起了雷鸣般的掌声。然而，那天的英雄并不是他，而是一个虚弱的贵族老人罗尔勋爵。他步履艰难地走上台阶，却在台阶顶部绊了一跤，跌倒后，又滚了下来。"他躺在台阶的底部，

加冕大典现场，维多利亚女王来到宝座前（埃德蒙·托马斯·帕里斯绘）

维多利亚登上宝座（乔治·海特绘）

罗尔勋爵跌倒后滚了下来（约翰·马丁绘）

他的长袍都卷在身上”。看到这个意外，女王从她的宝座上站起来，伸出手，好像要帮助他。这件事对那位可怜的贵族来说是不幸的，但它却显示出女王陛下的仁爱之心。那位老贵族没有受伤，他迅速站起来，继续往台阶上走去，并用他无力而颤抖的双手拿着他的冠冕一次次努力碰触王冠，他的每次努力都引发大家的欢呼。最后，女王微笑着，伸出手让他亲吻，并免除了他触碰她的王冠的形式。马丁内斯小姐目睹了现场的一切，并说了一个笑话，使现场的一个外国人相信，这可笑的翻滚是加冕仪式上的惯例，“罗尔勋爵们”之所以能保住他们的头衔，就是因为在每次加冕仪式上他们必须完成从台阶上滚下来的环节，因为罗尔（Rolle）的意思是“滚动”（roll）。

在鼓声、号角声、歌声和欢呼声中，女王终于完成了冗长的仪式。女王领圣餐的时候到了。她摘下王冠，跪着分享这份圣洁的食物。然后再次戴上王冠，登上王位，歌声又响了起来，然后才是最后的祝福。之后，女王走进爱德华国王的小教堂，换上了紫色天鹅绒皇家长袍，戴着王冠，右手拿着权杖，左手拿着王室宝球，走出教堂，坐上了马车，并在众人的欢呼声中驱车回家。据说，女王陛下似乎没有觉得疲惫不堪，但有人看到她把手经常放在头上，就好像戴着王冠不太舒适一样。

在维多利亚女王统治一年多以后，为了履行女王的职责，她每天必须忙碌近五个小时。

对于我们美国共和党人来说，女王的加冕典礼似乎有些奇怪。他们选举和罢免我们的总统时，总是很冒险，几乎不举行什么仪式。

Queen Victoria

第十三章　热爱马术

精彩看点

费城圣乔治学会大厅里的女王画像——萨利先生与莱斯利先生——非常勇敢的小女人——女王的马术训练——女王在马背上的风采——詹姆斯·戈登·贝内特的报道——女王在歌剧院

费城圣乔治学会大厅里有一幅维多利亚女王身穿袍、头戴冕的画像，是由已故的萨利先生画的。它有真人大小，画中的维多利亚女王正朝着王座拾级而上，她的头稍稍转过，目光越过左肩向后看去。在我看来，女王陛下应该珍藏这幅肖像画，因为它惟妙惟肖，而且带有萨利独特的风格，堪称精美绝伦。整幅画的线条柔美、挥洒自如，让观者心生喜爱。除了一如既往的风姿绰约，画里的维多利亚更是增添了几分灵动，周身散发着朝气蓬勃的活力。再看她的肤色，着色清新淡雅，凸显出了皮肤的娇嫩和水润，宛如朝露。年轻的女王是高贵娴雅与青春活力的完美结合，浑身的每个毛孔都散发着快乐，充满了希望，让人如沐春风，如饮甘泉。而她内心的欣喜和憧憬更是令她神采飞扬。王冠轻轻地戴在她头上，仿佛她戴着的只是一个娇艳的玫瑰花冠。但女王之美比王冠更胜一筹。一身白貂皮和天鹅绒无法衬托出她的端庄高雅，只有那少女般的纯洁美好才能将她的气质展现得淋漓尽致。她的眼睛如晨空般明澈，如春天的紫罗兰般柔和，红唇上一抹微笑绽放开来。她的青春、活力和热情使她更显自信。这是我看到的年轻女王的第一幅肖像，在我看来，直到目前，这幅画仍是最美的一张。

另一个美国艺术家莱斯利[①]先生也画了一幅很大的加冕仪式图，女王将它买了下来。他画画时的座位离女王的宝座很近，他几乎能把一切观察得清清楚楚。当女王签署她的加冕誓言时，她的字体大而清晰有力，这要归功于她原先的写作老师——斯图尔德先生。

莱斯利先生回忆说："我不知道为什么，第一次看到她身穿长袍的样子我就泪流满面。许多人也有同感；她看起来几乎像一个孩子。"据说，诗人坎贝尔[②]曾对一个朋友这样说道："我当时出席了女王陛下在威斯敏斯特教堂的加冕典礼，在漫长而令人疲惫的过程中，她一直表现良好，为此我多次流泪。"

卡莱尔当时摇着头说："可怜的小女王！她处在一个女孩为自己选择一顶帽子都会遭人质疑的年龄，但却要承担连天使都可能会退缩的重任。"

据拉塞尔伯爵说，画家和诗人们为这个"可怜的小女王"流泪，伟大的批评家对她表示深深的同情。这一切使她焦急的母亲明白，她"顺利地继承了王位"。在

---

① 查尔斯·莱斯利（1794—1859），美国风俗画家。——译者注

② 托马斯·坎贝尔（1777—1844），苏格兰伤感诗人。——译者注

维多利亚女王画像（美国著名的人物肖像画家托马斯·萨利绘）

拉塞尔伯爵画像（罗斯·卡托·迪金森绘）。拉塞尔伯爵（1792—1878），英国辉格党领袖，曾两任英国首相

后来的岁月里，如果谈到此事，维多利亚会说“无知者无畏”；然而，未来生活的不确定性与丰富性会使许多人感到惊骇。

女王的确是一个非常勇敢的小女人，但她身上肯定会有奇特的、不可思议的东西，因为在那些盛大的仪式上，她一直表现出帝王般的沉着以及对待宗教的严肃。很高兴能在莱斯利的回忆录中读到，当壮观而令人疲惫的游行以及所有庄重而烦琐的仪式结束后，女王还是露出了她的孩子气。画家说：“她很喜欢狗，养着一只她非常喜爱的西班牙小猎犬。她外出时，这条小狗总是在等她回家。当然，那天她们分开的时间比平时长，当马车来到宫殿台阶前时，她听见小狗在大厅里快乐叫着，她大声喊道‘是达什’，然后赶紧摘掉她的王冠，脱下礼服，放下手中的权杖和王权宝球，去给达什洗澡。”

我希望这个故事是真的，因为我有一种强烈的印象，女王喜爱宠物，尤其是像狗和马这样聪明、有感情的动物。她喜欢骑马、跳舞、健康的运动和快乐的游戏，这对年轻的女王来说是一种解脱。如果没有这些宣泄的途径，她显赫的地位所赋予她的责任、高贵、庄严和稳重以及烦琐的礼仪早就让她痛不欲生——或者至少让她变得刚愎自用，或者她被繁文缛节吓倒。约翰·坎贝尔爵士这样描述此时的女王：“她就像一只小猫一样快乐、有趣。”我希望她喜欢小猫！他又说：“女王充满热情，跳舞时异常开心。女王跳的是一种名为‘风暴’的蹦蹦跳跳的乡村舞”。

除了这种少女的欢乐外，维多利亚似乎具有圭尔夫家族所没有的幽默，她对滑稽可笑的事物的感觉很敏锐，能够享受快乐的生活，而这是上天对可怜的凡夫俗子们——无论是王室成员还是共和党人的最好祝福。阿尔伯特亲王理解她对单纯快乐的热爱，以及她对动物、人类生活和性格的荒唐奇特的喜爱，这很好地维系着他们的关系。

年轻女王的马术训练不只是一种消遣，而几乎是一种爱好。她骑得非常好。她能学会如此优雅的技能——英国的老百姓很少这样认为——这得感谢她的马术教练福萨特，因此，她希望一旦登上王位，就将他安排在身边，给他一个合适的职位，一个高于马夫的职位。当她得知没有他可以填补的空缺时，她说，“那我就设立一个职位”，并戏称他是“女王陛下的马镫持有者”。如果是我的话，我会为他做更多，例如让他担任御马官，接替经常驾驶皇家马车的阿尔比马尔勋爵，或为他设立一个高级侍从武官的职位。

N.P. 威利斯在他的令人愉快的速写中描绘了女王在马背上的风采。在海德公园，他看到白金汉宫的马队疾驰而来，致使皇家骑兵护卫们很难将其他跑道清理出来。女王陛下素爱骑快马或乘快车，好像无论怎样都不让时间赶在她前面似的。

诗人又补充道："女王陛下骑马很稳很勇敢。我在骑马道中心附近遇见她的马队。只见女王骑着一匹暗褐色骏马，首相与拜伦勋爵陪伴在她左右；她的侍女以及王室贵胄们正在检查他们的马匹，他们与女王陛下保持一定距离，相互之间也拉开距离。维多利亚所穿的骑士服将她丰满圆润的身材衬托得格外好看。她骑马时张着嘴巴，看起来格外兴奋。"

这是在1839年。几年后，一位名不见经传的年轻美国作家，她与女王一样喜欢马，还为骑马写了首赞歌。赞歌开始时，她告诉她的朋友们，当她的情绪低落时，当她开始厌倦生活、逃避困难时，简而言之，当一切都不顺利时，他们不要来安慰她，或者因同情她而流泪。然后她大胆地写道：

我不需要建议，也不需要同情，
但是给我，啊，给我，牵来我那勇敢的骏马，
它脖子高扬，气宇轩昂，
它眼似喷火，步态神俊。
当我跃上马背，紧紧抓住缰绳时，
我就会重新振作起来，
束缚我心灵的桎梏都被砸烂，
我的忧虑瞬间消散，

一度低落的我，立刻充满了自豪感，

我本性中的女王此刻又戴上了她的王冠。

如果这个普通的美国女孩准备独自一人疾驰穿过丛林，肯定会感到青春的充实、快乐以及力量。即使她骑上一匹尚未完全驯服且皮毛粗糙的西方小马（这就是所谓的“骏马”），它几乎没有优点，也没有纯正的血统，她也觉得高贵优雅。那么，骑上一匹毛色纯正、血统高贵的英国马，对小女王来说，这是多么荣耀啊！

女王陛下一直很喜欢马。在登基游行中，她的六匹坐骑装饰华丽、高视阔步，像那些大主教一样神气。在伦敦和温莎的皇家马厩里，她之前的坐骑受到悉心饲养。她不再乘骑它们后，她仍然抚摸它们，从不责备它们“已无用”。

一个名叫詹姆斯·戈登·贝内特[①]的美国作家在女王登基那年，向国内发回了几篇盛赞女王的报道。他是在歌剧院第一次见到女王的。“大约十点钟，当歌剧演到一半时，王室成员们入场了。‘在那里！在那里！在那里’！一个年轻女孩在我身后喊道。她急切地朝王室的包厢看去并说，‘那就是女王’！我也朝女孩所看的方向望去，看到一个皮肤白皙、浅色头发的小女孩。她身

① 詹姆斯·戈登·贝内特（1795—1872），美国作家，《纽约先驱报》最重要的奠基人之一。——译者注

着白色的衣服，看起来非常素净；头发上只系着蓝色丝带，走进包厢落座，被红色的褶帘半遮在远离舞台的角落里。从外表看女王很普通，但我确信，她的朴实无华无法掩饰那张圆圆的、白皙漂亮的、惹人怜爱的面孔。她的胸部匀称，气色红润。玫瑰色的嘴唇微微张开，露出洁白的牙齿。她的面部表情和蔼可亲，绝对看不出一位女王应有的可怕的威严和神秘。在演出期间，女王时不时拉开窗帘，回看观众，表现出任何年轻女孩都会有的真诚和好奇心。”

当贝内特先生在海德公园见到女王驾车时，他这样描述道：“我一直在公园里面散步，无精打采地看着马车驶过。正当我进入拱形大门要离开时，通道上的人群一片哗然，人们喊着‘女王！女王！’片刻之间，两名护卫快速打开大门。在阿普斯利宅邸附近，一辆四轮马车载着女王，其他三辆马车紧随其后。她坐在后排座位的右手边，身子向后靠。她一如既往地衣着朴素，身穿一件白衣服，头戴一顶浅色草帽，她把面纱扔在一边，手持一把绿色的遮阳伞。”

啊，为什么是绿色的呢，女王？那天下午晚些时候，他又见到了她，她拿着一把绿色的遮阳伞，慢慢地走着。当群众向她致敬和欢呼时，她面带微笑，向左右欠身致意。现如今，女王不太会去欠身和微笑了，也不再持绿色的遮阳伞了。

N.P.威利斯也在歌剧院看到了年轻的女王，诗人对她有生动的描写："女王坐在我左手边的包厢里，她一边欣赏保丽娜·加西亚的歌唱，一边用扇子打着拍子。她的宠臣墨尔本勋爵站在她身后，她的侍女们围着她。年轻爱笑的她是世界上最强大国家受人尊敬的君主。女王的脸比四年前我见到她时变得瘦削了，那时她还是维多利亚公主。成为女王后，生活中的各种紧急状态塑造了她的面部表情。现在，她看起来坚定果断、聪明睿智。当她转过头来说话时，显得有点儿任性。但总的来讲，对于年轻的女王来说，她已经足够美丽了。她穿得要比周围的人朴素一些。"

我转述了许多描绘维多利亚女王登基后头两年生活的文字，因为对世人而言，至少是对年轻人来说，这是女王伟大统治时期最有趣的几年。那时生活充满了诗意，不可否认，也有一些危险。

奥列芬特太太[①]在她那本关于女王的精彩生活的书中写道："女王身边的朋友都以真诚待她。"

关于王室的这种陈述，令人很难相信。然而，即使其中没有谄媚，道德方面也会平淡乏味，这是女王令人钦佩的良好判断力所不允许的，但宫廷生活中的礼仪以及朝臣对女王的态度都含有深深的尊敬。无论她走到哪

---

① 奥列芬特太太即玛格丽特·奥列芬特（1828—1897），《维多利亚女王传》（*The Life and Times of Queen Victoria*）的作者。——译者注

保丽娜·加西亚是引领19世纪歌剧潮流的歌唱家。图为其画像（法国浪漫主义油画家阿里·谢菲尔绘，1840年）

里，都会受到人们的称赞和钦佩。这种称赞就像空气一样包围着她，几乎与摆满晚香玉、白百合、茉莉花的温室里的空气一样有益于健康。

不过，她并没有变得傲慢或虚情假意，这些已经在我所谈及的两位画家托马斯·萨利和查尔斯·莱斯利的描述中得到证实。我清楚地记得，萨利先生的朋友说，女王对萨利在温莎画的那幅肖像很感兴趣。女王在百忙之中总会抽出时间来坐下，而不是站着让萨利先生为她画画。她会让萨利先生免费使用画画所需的一切精美用具。萨利先生还时不时地让他女儿穿上皇家礼服，戴上头饰，站着给他当模特。一天，萨利先生和女儿正在画画时，女王突然走进了房间。慌乱的萨利小姐刚要从宝座上逐级而下时，女王笑着叫道："请你就站在那里，我想看看自己的模样！"

莱斯利在温莎所绘的加冕大典图，很好地诠释了女王的和善可亲。他说："她现在对那幅肖像的相似程度非常满意，不希望我再碰它。她总共为作画抽了五次时间——不仅是为面部的细节，还为身上所有的细节，包括双手以及戴在手指上的加冕戒指。顺便提一句，她的手很漂亮，手背上有小窝，手指纤细优美。她每次都特意把头发装饰得像出席典礼时一样。"

女王在她的文章中很少提到这段"奇怪而不平凡的历史"——一段充满偶然事件却如诗一般浪漫的时期；

总之，在世人的眼中，那是一段灿烂无比的时期。因为对她来说，生命或者生命中最“快乐和光荣”的时刻的开始与结束，都与阿尔伯特亲王有关。她不无遗憾地谈及那段单身时光，说：“对于一个小女孩来说，那是一所糟糕的‘学校’——一所不许有真情实感的‘学校’。”年仅 18 岁的女王既没有经验，也没有丈夫指引和支持，很难想象她当时的处境有多糟糕。这些都是女王从痛苦的经历中总结出来的，她也感谢上帝没有让她的女儿们经历这样的危险。

人性的轻率鲁莽以及年轻女性的雄心勃勃，使她们依靠代价高昂的经验来获益。我认为，无论是聪明睿智的长公主[①]成为王后，还是美丽傲慢的路易丝公主[②]成为加拿大总督夫人，都不是一帆风顺的。大多数臣民都否认女王无人支持的处境会伤害到她，也不相信这样就可以伤害到她，但只有女王自己最清楚。

维多利亚公主是一个骄傲、活泼开朗的女孩。或许，当一直紧紧地束着她的那些“牵线带”被阿特洛波斯的剪刀剪断，她可以自由站立与行走时，她有一种如释重负的感觉。她善良的母亲肯特公爵夫人立刻就成为被嫉妒的政治对象，于是她不再像以往那样陪在女王左右，

---

① 长公主是维多利亚女王的长女维多利亚，她嫁给了普鲁士王子，也就是后来的德皇腓特烈三世。——译者注

② 路易丝公主是维多利亚女王的四女儿，她的丈夫约翰·坎贝尔曾任加拿大总督。——译者注

尽管她的内心依然保留着对她的关怀——也许她感觉她女儿比以往任何时候都更需要她。但母亲们总是如此自负。难怪在肯特公爵夫人过上朴素的隐居生活之后，新生活的欢乐、光辉和至高无上有些令年轻的女王陶醉其中。她拥有的快乐和全世界对她的尊敬迷惑了她的想象力；她所拥有的财富、权力以及个人魅力使她变得放纵与任性。因为她太年轻、太冲动，尽管家庭导师斯托克马男爵和她睿智的舅舅利奥波德给了她许多好建议，但她的判断仍会出现一些失误，从而做了一些荒唐事。她第一次独立的政治活动就是由于判断失误而造成了错误。总之，那次活动更像是乔治三世所为，而不是维多利亚。她与辉格党联系紧密。由于一系列失误和优柔寡断，辉格党的势力越来越小，失去了人们的支持。墨尔本勋爵领导的内阁承受了巨大压力，最后不得不引咎辞职。于是，惠灵顿公爵建议女王邀请保守党领袖罗伯特·皮尔爵士重组内阁。她采纳了这一建议，但她坦率地对惠灵顿公爵说，失去了墨尔本勋爵和他的同僚们她感到很遗憾，她喜欢并支持他们。惠灵顿公爵一定就此事与罗伯特·皮尔爵士愉快地交谈过了。然而，罗伯特·皮尔爵士开始工作后，他很快发现，他的同事们反对辉格党女士随侍女王，认为这样可能影响女王。因此有人建议女王陛下对她的宫廷进行重大调整。我认为他们很可能指的是萨瑟兰公爵夫人和诺曼底夫人——她们一个是一位杰出的辉格党人的妹妹，另一个是他的妻子。但女王认为他们在逼她遣散所有服侍她的女士们，所以她断然拒绝了，说这样做“令她很反感”——让她忘记与这些女士的感情是没有宪法依据的。她已经习惯了那些女士们的服侍，她们也习惯了服侍女王。她们知道什么东西放在什么位置，什么颜色适合她，什么八卦和游戏能逗乐她。毫无疑问，她爱她们，她也喜欢自己的生活方式。可以肯定的是，她的亲随对她的影响必须受限，她严格区分了家事和国事。然后，当罗伯特·皮尔爵士不同意她的做法时，她召回了墨尔本，然后依然我行我素。这件事引起了很大的轰动。普通人称赞年轻女王的独立精神。辉格党人为她的爱国主义精神、成功击败“邪恶的寝室阴谋”以及对朋友的忠诚而鼓掌叫好。不过，被击败的托利党人自然很愤怒。一年之后当女王向议会提出她胸有成竹的措施时，他们肯定会报复女王的。这一点我们会在后面叙述。

许多年后，那个善良聪明的“领航员”来掌舵她的生命之舟时，女王似乎才意识到严重的政治错误，诸多不顺以及愚蠢行为的“急流”使她的生命之船触礁了。

当然，这个领航员就是为她挑选的“白马王子”——远在萨克森的表弟阿尔伯特。阿尔伯特英俊潇洒，她曾经在一封给舅舅利奥波德的信中，不假思索地接受了阿尔伯特；正如她接受欢乐乡村舞的舞伴一样，之后她也不假思索地将他抛在脑后，任他越漂越远。

Queen Victoria

第十四章

女王大婚

精彩看点

阿尔伯特很像叔叔利奥波德——利奥波德很喜欢阿尔伯特——阿尔伯特犯了喉头炎——阿尔伯特来到英国——与维多利亚熟络了——维多利亚爱上了阿尔伯特——女王大婚

如果说维多利亚与她的堂姐夏洛特公主非常像的话，那么阿尔伯特在某些方面则很像他的叔叔利奥波德王子。1819 年 8 月，阿尔伯特出生在罗森瑙一座迷人的避暑别墅，这座别墅属于他父亲——萨克森－科堡－萨尔费尔德公爵。小王子的祖母萨克森—科堡公爵遗孀写信给她的女儿肯特公爵夫人，宣布了一个喜讯。她在信中说："这个小男孩明天就要受洗，将取名为阿尔伯特。"

举行洗礼的当天，"阿尔伯特"似乎是所有名字中最简单的一个，但他还是取名为阿尔伯特了。这个名字将伴随阿尔伯特一生，并且因为阿尔伯特的正直品行、罕见的卓越才智和善良与优雅而不朽，也因为他的同胞对他的爱戴以及他在英国的高贵生活和取得的成就而流芳百世，更因为那些健在的、伟大的英国诗人的歌咏以及英国女王对他的真挚的爱恋与忧伤而为世人铭记。

当亲王还在襁褓中时，她的母亲这样写道："阿尔伯特真是标致极了——大大的眼睛、小小的嘴巴、漂亮的鼻子以及深深的酒窝。他充满活力，总是乐呵呵的。"

阿尔伯特是公爵与公爵夫人的次子。他的母亲这样描述比阿尔伯特年长不到两岁的欧内斯特："欧内斯特身强体壮，眼睛炯炯有神，虽然很帅气，但远不及他弟弟英俊。"

阿尔伯特大概两岁时，利奥波德王子与他的兄弟在科堡度过了一段时间。阿尔伯特与他的叔叔都很喜欢对方，后来这带来了令人高兴的重要结果。年轻的母亲写道："阿尔伯特很喜欢他的叔叔，寸步不离地跟着他。他总是深情地望着叔叔，经常拥抱叔叔，只要叔叔在身边就很开心。"

他祖母也写道："利奥波德对孩子们都很好。大胆的阿尔伯特总是在他身边。这个小家伙对他漂亮的表姐——维多利亚公主来说是一件珍宝。他很英俊，就是太瘦小了。但他朝气蓬勃，天性善良，同时也很淘气。那天，我带他一起乘马车外出，他一个劲儿地哄我开心。他不停地说：'阿尔伯特要与奶奶一起外出咯！'还让我亲吻他的小手。'奶奶，亲亲这儿！'"

小王子们没有享受太长时间的母爱与陪伴。父母先是分居，紧接着就离异了。欧内斯特七岁，阿尔伯特五岁时，他们成了单亲家庭的孩子。他们再没见母亲，她在瑞士的圣威德尔去世。那时的她依旧年轻漂亮，但她厌倦了曾经带给她许多幸福的生活，带着回忆离去了。她临终前还喊着两个孩子的名字——"欧内斯特！""阿

萨克森 - 科堡 - 萨尔费尔德公爵（1784—1844），阿尔伯特亲王之父（乔治·道绘）

童年阿尔伯特（左）与母亲、哥哥欧内斯特（路德维格·道绘）

尔伯特！”

孩子们有很多祖母，两位慈祥的公爵遗孀照顾他们（同时她们也互相照顾），而且照顾了许多年。据这两位德高望重的夫人讲，阿尔伯特是一个身体羸弱、内心胆怯的孩子，是一个注定不会挺过口齿不清、易犯喉头炎的幼年时期的“小天使”。对于这个邪恶粗暴的世界来说，他是那样善良、甜美与精致。然而，根据王子的个人日记来看，他6岁那年第一次犯了喉头炎。也是在6岁时，他就令人高兴地表现出他以后不会淘气和堕落的迹象。

1825年2月11日

我被要求背诵一些东西，但我不想背诵。这是不对的——太淘气了！

2月20日

我房间里到处都是课本，而我不得不把它们收起来，我就哭了。

2月28日

今天我在课堂上哭了，因为我找不到一个动词，为了告诉我什么是动词，老师掐了我。于是我就哭了。

4月9日

我高高兴兴地起床了；后来我和哥哥打了一架。

4月10日

我和哥哥又打了一架，这是不对的。

小王子看起来还是个勇敢的小家伙。当他怒气冲天时，他很少考虑对手比他年长或力气比他大，而是时刻准备去“战斗”；或者用他的老师弗罗尔舒兹更加准确的话说：“有时，如果他的愿望没有立刻得到满足，他就会诉诸武力。”

多年来，年轻的王子们互敬互爱，在科堡王宫和罗森瑙的乡村别墅中勤奋学习，积极快乐地生活。他们好像还和维多利亚公主通过信，尤其是年幼的阿尔伯特。他在祖母的引导下，非常喜欢维多利亚。这位祖母，也就是利奥波德王子和肯特公爵夫人的母亲，是一位高贵、优秀、能干的女人。阿尔伯特12岁时她去世了，但她心中的希望并没有随她而去。毫无疑问，阿尔伯特王子从小接受的是特殊的教育，希望他将来能肩负起更加重要和光荣的使命，而不只是尽到一个公国王子的职责。他在老师的精心指导下，学习了许多科学知识，学习不同的语言、音乐、文学、政治以及伦理学知识。他尤其注

科堡王宫，阿尔伯特小
时候生活和学习的地方

重道德养成。他锻炼身体的强度远远超过了他的表姐维多利亚。阿尔伯特王子的体质比较差，又生性敏感，比较容易紧张，要不是大量的体育训练，他很难活到成年。小时候，他经常在室外活动，玩得很野；他的饮食很简单。睡觉时他自己照顾自己；为了产生睡意，他做了很多事。青年时期，通过健康的运动他的身体强壮起来。总之，他将妈妈眼中的“天使”塑造成了男孩，将祖母眼中的金发宝贝锻炼成了男子汉。除了接受通识教育外，他们还四处旅行。一次，他们拜访了叔叔利奥波德，当时他已经成为比利时的国王。在游历了德国、奥地利和荷兰后，他们去了英国，去看望他们的肯特姑妈和维多利亚，他们的叔叔热情地向她们举荐了两兄弟。

根据女王的记载，在这为期三个星期的做客期间，阿尔伯特王子与她就熟识了。肯辛顿宫的老人中一直流传着一个说法，那就是，阿尔伯特王子小时候就和他的姑妈及表姐在古老的宫殿里度过了三年时间，这是肯特公爵夫人和利奥波德王子所计划的维多利亚公主与阿尔伯特王子的婚姻的一个部分。我在一本古旧的少年读物中看到一幅木版画，画中的小维多利亚头戴一顶大帽子，在公园里骑着一匹小马驹，小阿尔伯特头戴遮阳帽，身穿一件短夹克，在她旁边跑着。然而，这明显是错误的，他们并没有在孩童时期恋爱的经历，那个头戴奇怪的荷兰帽的男孩只不过是个幻想，或者“替身”。他们是在维多利亚公主 17 岁生日时见面的。那时，王宫里经常举行庆祝活动。在那些庆祝活动前后，他们愉快地相处了一段时间。他们白天一起散步、骑马，晚上一起欣赏音乐、舞蹈。然而，如果年轻的阿尔伯特记得他那唠唠叨叨的保姆的承诺、慈祥祖母的预言以及他父亲和利奥波德叔叔的愿望，并努力从这个年轻活泼的女孩令人迷惑的蓝眼睛里猜测自己的命运，那他似乎失败了，因为他在家书中写道："我的表姐非常亲切友好。"英格兰王冠好像由一根头发吊着，悬在她的头上，而这根头发犹如一位虚弱的老人，这种虚弱遮蔽了她那位英俊但不成熟的亲戚的风度与优点。另外，当时的"白马王子"又矮又胖，他的英语讲得太不标准了，无法用英语向未来女王表达爱意。所以他走了，没有交换誓言、戒指、几缕淡色的头发或照片，他回到波恩大学继续他的学业。这次拜访结束后不久，公主的确写信给她"最亲爱的舅舅利奥波德"，求他特别关照她心爱的人。她还说："我希望并坚信，一切都会顺利进行，现在这对我来说太重要了。"然而，利奥波德国王是个聪明人，不太相信一个 17 岁女孩的爱情，同时他和男爵还要不顾老国王威廉、他的所有兄弟以及他们喜欢的候选人的反对，继续努力为未来的女王挑选丈夫。

阿尔伯特王子在古老而宁静的波恩写信祝贺他表姐登基，在这封著名的祝贺信中没有一句追求者的奉承，也没想过要搅动这个地位突然至高无上、君临天下的年轻女孩那颗得意扬扬、自命不凡的心。 因此，这个18岁的男孩这样写道："现在，你是欧洲最强大国家的女王。你掌握着成千上万人的幸福。愿上帝帮助你，赐予你力量来完成这项光荣而艰巨的任务。"

离开大学后，阿尔伯特王子与斯托克马男爵到瑞士和意大利去旅行，他少有的王者风范，优雅的品位，缜密且善于接受新事物的头脑，使他所到之处都受到人们的崇拜和尊重。三年就这样过去了。对于他的光辉前景、幸福、高贵而有价值的事业而言，这三年充满了不确定性。利奥波德国王并没有因维多利亚女王忘记她的表弟阿尔伯特王子而遗憾，尽管她声称她不喜欢任何人，也不愿订婚，就算是跟阿尔伯特订婚也不行。她非常享受她作为女王的骄傲的独立地位。她正在享受生活中如此巨大的转变，自然害怕任何可能的约束，担心一结婚就会不可避免地处于从属地位。她"太年轻了，还不能结婚"，而阿尔伯特还有整三个月就到法定的结婚年龄了。她至少可以开开心心地当三四年未婚女王，然后再考虑婚姻问题。利奥波德叔叔使阿尔伯特王子明白了他高贵的表姐的情感状态，这令他充满怀疑和沮丧。他通过努力学习和不断游历来提高自己，并且随着时间的推移他变得身材高大、举止优雅和英俊帅气，成了名副其实的"白马王子"。他离开了童话般的世界，从鹿特丹漂洋过海，去闯荡世界，至少试图将尊贵的公主从孤独无情的王权中唤醒。他来了，他受到重视了，他征服了公主！虽然不是马上就征服了公主。啊，不，这首迷人的皇家田园诗的诗节是变化的，标志着情感不断地加深的程度——钦佩、兴趣、希望、信心和开心地确定。

女王已经决定以表亲之间的亲密和皇家的荣誉来接待两个王子，就好像他们的到来只是一次普通的拜访。至于阿尔伯特，她打算和他开诚布公地谈谈，让他明白他们“还太年轻，结婚为时尚早”，也就是说让他认识到她的年龄还小。然后，他必须离开，“再等一等”，她会尽量多见见他，因为他是个心地善良、坚定不移的家伙。然而，她也必须适当关注其他客人。然后，有些政务需要她处理。可是，当科堡的王子们抵达温莎，女王和她的母亲站在楼梯口迎接他们时，不知怎么的，她的眼中只有那个更年轻的王子。他已经长得又高又壮，很有男子汉气概，不像以前那么肥胖了。他的英语水平也提高了很多。他是如此英俊，各方面都很突出。因此，欢喜的气氛笼罩了温莎，尽管礼节繁冗，人来人往，但女王仍然开心地看着她的表弟阿尔伯特，随时准备跟他告别。但是第二天，女王就面带微笑，非常亲切、彬彬有礼地与这位英俊的撒克逊骑士交谈，这令那些有抱负的朝臣们非常嫉妒。就在那天，女王写信给她的利奥波德舅舅：“阿尔伯特的英俊的相貌是最引人注目的，他非常亲切友善，待人真诚。总之，非常迷人。”她随后以一种少女娇羞的口吻补充道：“两位王子和蔼可亲，大家相处愉快，我很高兴他们能来这里。”

虽然他们一起唱歌、散步、跳舞、驾车，而且还一起骑马（因为没有什么比骑马更适合谈情说爱了），但可怜的小女王放弃了，因为她觉得自己已不再有勇气向那位自信而年轻的王子建议，让他按照她个人的意愿无限期地等待了——让他留在科堡变得更加睿智，更加成熟。一想到这些，她似乎看到他嘴角的一丝不屑以及他那温柔、若有所思、忘我的眼神中的非常严肃的抗议。因此，维多利亚女王从未说过要分开，甚至在他们一起幸福地生活了多年之后也没有。

唉，这个童话里的王子却待在一个凡间的王国里！他只能用眼神来宣告他的爱，倾听心爱之人的心声。礼节就像一张沉重的密封签封住了他的嘴唇，直到她用甜美的声音公开宣布她爱他，并建议由他来“统治”女王，用爱情来“征服”女王。经过五天令人既烦恼又开心的等待，正如王子在给斯托克马男爵的信中所说，幸福的“顶峰”到来了，然后，无论是在王宫还是农舍，纯洁高贵的爱情，这朵人类生活中最美的花，在两颗年轻的心里怒放。即使现在，每一个读到这个发生在古老的温莎王宫中简单感人的故事的人都会激动不已。40多年过去了，它看起来还是那么新鲜！它上面沾满了天堂的露水和花朵。

在我看来，这个故事中最美丽、最感人的是年轻女王的温柔。虽然她是女王，但她还是将自己那只令很多人梦寐以求的手交给了王子。那可是一只握着最高权杖的手，那是一只数不清的王子、贵族以及世界上最有权力的人们的代表行吻手礼、宣誓效忠的手，但同时也是一个可怜的小女人无力的手，它需要更有力、更坚强的手臂来支持和引导。当她把头靠在丈夫的肩上时，她并不觉得自己是头戴王冠的女王。事实上，她似乎觉得他的爱才是她真正的加冕礼，他的信念才是她的献祭仪式。

然而，不久前，她曾对斯托克马男爵说过，她决心永远不嫁人。因此，订婚后，女王写信给斯托克马男爵说："我确实感到非常内疚，我不知道这封信该如何开头。但我觉得你看到信中的消息后会谅解我。阿尔伯特完全赢得了我的心；就在今天我们确定了关系，我相信他会让我幸福。我希望我也能让他幸福，为了让他幸福我会尽我所能。"

女王日记中有许多诸如此类的记载："我将努力不让阿尔伯特感受到他所付出的巨大牺牲。我告诉他，对于他而言，这是一个巨大的牺牲，但他不允许这样。"

当然，王子的男子汉气概和良好的判断力"允许他这样"。他知道他最受人嫉妒，那些嫉妒他的人中不仅有当时所有的可怜的德国王子，还有世界上所有年轻的皇族成员。此外，他深爱他的表姐。除了他慈祥的祖母们之外，没有任何记录、传说或暗示表明他曾经爱过其他女人。他写信给哥达的祖母说：“那天，女王将我独自一人召进她的房间，深情地告诉我，我已经获得了她的芳心，如果我能与她一起生活，她会非常快乐。因为她说她把这看成是一种牺牲。唯一困扰她的是，她认为她配不上我。她敞开心扉告诉我这些，令我感动。我有点儿兴奋过头了。”

女王一直认为这是一种“牺牲”，因此她一直都很温柔谦卑，敬重阿尔伯特亲王。事实上，随着阿尔伯特亲王越来越表现出他的美好、力量、尊严和正直，这种尊重与日俱增。

这对夫妻度过了一个月的幸福时光，生活中最幸运的人一生也许只能遇到一次这样的幸福，而一些人，唉！从没有。然后，王子回到科堡，去处理一些自己的事情，并辞别家人。离别似乎让他非常伤心，读来令人心酸。人们会认为他好像要去“地狱”与马达加斯加女王结婚。这些德国人非常热爱自己的祖国，不知道他们是如何让自己离开祖国，去英国与贵族结婚，或去美国寻求财富，开办一个皇家机构或一所幼儿园，或者成为陆军元帅或美国参议员的。

科堡和哥达的所有悲伤都表明阿尔伯特亲王的家人深爱着他，而他也深爱着家人。

温莎宫中美丽的表姐似乎总是不开心，王子写信给肯特公爵夫人说：“你不知道，我那可怜的小新娘，独自坐在她的房间里，一言不发，伤心难过，这多么触动我的心。我要飞到她身边让她高兴起来！”

然而，她不能沉迷于这孤独无聊的沉思中，因为她要工作，必须马上去做。首先，她需要在白金汉宫召开枢密院会议，共有80多位贵族参加。他们多数是表情严肃的老人，早已过了心怀浪漫的年纪，但女王不得不向他们宣布她爱上了阿尔伯特表弟，并打算嫁给他。她说，她确信，这样的联姻将会“保证国内的安定，对国家有利。”虽然这样做有点儿困难，但她说，戴在她手腕上、刻有她画像的一只手镯给了她“勇气”。接下来，更令这位温婉的年轻女士感到煎熬的是，她要在上议院发表演说，宣布她打算结婚。她以她特有的清晰悦耳的语调，充满尊严、平静、神圣而庄严地宣读了文告。她红光满面，眼里蓄满了幸福，将她年轻的脸庞衬托得格外美丽。信任和忠诚的光辉笼罩着她，比她的珠宝头饰还要耀眼，爱陪伴在她的左右。

女王年轻的德国丈夫所面对的，并不总是灿烂的阳光，绽放的玫瑰以及轻松的氛围。太多来自上层社会的怀疑、嫉妒和些许不友好在等待着他。失望的保守党以及一些激进分子，强烈反对拨5万英镑给亲王，最终削减到3万英镑。

接着又讨论了英国国籍法案中的一项条款，该条款旨在准许亲王享有比其他王子更优越的地位，这样国会召开时，他就可以坐在女王身边了。虽然该法案最终获得了那些对英格兰最忠诚的人——苏塞克斯公爵和剑桥公爵同意，但他们的哥哥坎伯兰公爵却极力反对。上帝和汉诺威没能使英国政府摆脱“这个恶魔”。为了支持坎伯兰公爵，惠灵顿和布拉格汉姆站了出来，于是该条款只得被放弃。不过，女王行使了她的特权，授予亲王国王的头衔，并让他成为英国陆军元帅。大约一个月后，她解决了优先权的问题，对于英格兰而言，她作为君主，认为她丈夫应该“享受优越的地位，伴随女王左右”。

据说，和蔼可亲的亲王从未对罗伯特·皮尔爵士和其他投票减少他津贴的人心怀怨恨；他也不恨惠灵顿公爵和布拉格汉姆勋爵，因为他主张那些烦人的老绅士——王室公爵们应该有权在国事场合行走和坐在他的妻子维多利亚女王旁边。但维多利亚女王承认她对此感到“很愤慨”，因为这伤害的不仅是她作为妻子的爱，还有她作为女王的骄傲。

格雷维尔说：“国王之间明显的权力对比与他们实际遇到的矛盾存在反差，尤其对那些缺乏教育与纪律约束，与他人发生冲突的男性而言，肯定特别难堪。”其实，对女王来说，这更难堪，因为她们总是受到更多的阿谀奉承，总是非常富有想象力，以为获得了权力的象征就

惠灵顿公爵（1769—1852）

布拉格汉姆勋爵（1778—1868）

拥有了权力。

但我不相信女王夫妇会介意这些不愉快的事情。我希望他们没有为未得到的那两万英镑而感到遗憾。我希望爱情能使他们超越党派之争和妒忌的污浊风气，使生活气氛变得澄澈宁静。他们明白获得所有真诚的人——无论是“穿紫色袍和细麻布衣服”的富人和贵族，还是穿粗糙布衣的穷人——的同情才是真正的大事。

1840 年 2 月 10 日，阿尔伯特亲王想起了亲爱的萨克森－科堡公爵的遗孀，他“亲爱的祖母”。当他最后一次与她分别时，她站在窗口哭泣，伸出双臂悲伤地叫他的名字，“阿尔伯特！阿尔伯特！”在他新婚那天，他坐着给一个年迈的、身体虚弱的女亲戚写了封信。信中说：

亲爱的奶奶：

还有不到 3 个小时，我与我亲爱的新娘将站在圣坛上。在这庄严的时刻，我必须再次得到您的祝福，我确定我会收到您的祝福，这祝福将成为我的护身符和我今后的快乐。我就此搁笔。愿上帝与我同在！

您最忠实的

阿尔伯特

这封信似乎有点儿太庄重，但它展示了年轻王子的严肃虔诚的精神，他尚未成年就走进了一段吉祥而辉煌的婚姻，他们婚礼的钟声响彻世界。此外，这个年轻人处在一个相当尴尬的位置。到目前为止，他在英格兰鲜为人知。众所周知，王室从一开始就反对他与维多利亚的婚事。虽然很久以来日耳曼人的土地都是孕育英国国王，包括女王们的摇篮，但英国民众却嫉妒日耳曼王子，认为他们大部分人是贪婪的冒险家，对于他们来说英国是德国的摇钱树。阿尔伯特亲王必须使人们放弃许多偏见。事实表明，他的确使人们放弃了大多数偏见，但有些却随他进了坟墓。

女王的婚礼盛况仅次于登基仪式，只有少数贵族有幸在场见证，因为对于这样一个盛大的仪式来说，与威斯敏斯特教堂相比，圣詹姆斯皇家教堂小太多了。

不过，王室贵族成员都出席了，所有大人物都在。在身穿华丽连衣裙，戴着昂贵珠宝首饰的女士们与身穿鲜艳的制服和官服的男士们进来之前，墙上的挂饰和装饰使昏暗的教堂看起来很喜庆很璀璨。站在父亲和兄弟之间的新郎走上通道，殷勤地来回欠身致意，他无与伦比的帅气和优雅引来一片赞赏与唏嘘。他是最英俊的王子了。

据说女王脸色非常苍白，但非常可爱。她穿着绣有橙花的白色缎裙，缎裙外面是一条华丽的蕾丝长袍。她

女王与阿尔伯特亲王大婚现场（乔治·海特绘）

维多利亚女王大婚时穿的婚鞋

结婚周年纪念日时的维多利亚女王（弗朗茨·克萨维尔·温特哈尔特绘）。女王身着婚礼时所穿的婚纱

维多利亚女王与阿尔伯特
从圣詹姆斯宫婚礼上归来

戴着最精致的霍尼顿面纱。在 12 个伴娘的簇拥下，她的脸上洋溢着幸福，人们都说，她看起来像镶嵌在珍珠中间的洁白的钻石。

女王陛下看上去非常沉着、冷静；婚礼过程中她表现得非常庄重。可是我听说了这样一个小故事：在“这个可怜的年轻人”最后一个环节中，阿尔伯特亲王把戒指戴在她的手指上，重复说：“我将我的一切都奉献给你。”女王情不自禁地笑了。

据说肯特公爵夫人“泪流满面”。啊，为什么母亲总会在女儿的婚礼上流泪，尽管她们希望女儿结婚并筹划了一切。新娘为什么会在新婚的那天早上流泪？利特尔顿夫人在她的信中说，女王“眼睛都哭肿了，但她的脸上洋溢着幸福。她充满信心、温情脉脉地凝视着王子，当他们作为夫妻站在一起时，看起来非常美好。”

啊，“当他们作为夫妻站在一起时”——他们现在永远都属于彼此了，“阿尔伯特”和“维多利亚”，我们的“白马王子”独自生活的时代结束了。从此，阿尔伯特王子与维多利亚女王的生命之流完全交融在一起，成为不可分割又难以区分的整体，但只不过是看起来如此，因为一者已经先于另一者汇入浩瀚的海洋了。

第十五章 便士邮资制度

精彩看点

贾斯汀·麦卡锡议员的《我们这个时代的历史》——邮资改革——举国欢庆——身份的奴隶——庆祝女王大婚的祝词——卡洛琳·福克斯令人愉快的《回忆录》

在这幅描绘英国女王伟大生活的简单图景中，我很少涉及她统治时期的政治问题和事件。其中有一些事件意义非常重大，对于别的国家和人民的影响力甚至远超英国本土。为了简洁明了地解释这些问题和事件，我希望读者去读《我们这个时代的历史》，作者是贾斯汀·麦卡锡议员。我不知道还有什么比这类书更令人钦佩了。然而，我的作品肯定没有那么大的雄心壮志，只是一部关于个人和国内历史的书，在谈及政治的深奥与神秘时，显得轻松愉悦，有着八卦似的肤浅，简言之，就是“纯女性化的”。

我甚至不会涉及席卷整个欧洲大陆，推翻或建立王朝的伟大战争，除非它们影响了我笔下这位著名英国女王的生活。起初，对于英国女王幸福的婚姻和家庭所呈现的爱与平静的光明前景而言，这些战争似乎形成了一个可怕的背景。但之后，战争造成的荒凉与悲伤，似乎与她守寡时承受的悲痛相互呼应。

幸运的是，当那对令人敬畏但心地淳朴的情侣——

维多利亚和阿尔伯特开始度蜜月时，英国和整个世界都是安静和平的。或许，她可能更喜欢写成阿尔伯特和维多利亚。加拿大发生了起义，起义虽然短暂，但非常激烈，最后在硝烟中结束了；宪章运动迷失在误解与误导的浓雾里，遭到疯狂镇压，最终以失败告终。可耻的鸦片战争、喀布尔的灾难①和可怕的印度民族起义②等充满恐怖的事件当时还在命运之神的黑锅中慢慢地酝酿。爱尔兰大饥荒③还没有发展到最严重的阶段，爱尔兰的演说家们还只是逞一时的口舌之快。丹尼尔·奥康奈尔虽然胆大包天、能言善辩、豪迈刚强，但他的言辞毫无恶意和威慑。在地狱里，指向犯罪时代的钟声还没有响起。法国从革命的阵痛和火焰中平息、冷却下来，并开始休养生息。法国国王和他的家人为全国人民树立了道德模范，他们一家人友爱团结，勤俭节约，未雨绸缪，辛苦劳作。在奥地利的武装入侵与老教皇表面仁慈、实则沉重的盘剥下，意大利死一般沉寂。加里波第正在“金色的南美洲”争取自由；马志尼犹做着自由之梦，科苏特也是如此。俄

① 也就是1841年阿富汗反英起义，该起义首先爆发于喀布尔。——译者注

② 印度民族起义(1857—1859)，是印度北部和中部不堪殖民统治而爆发的反英大起义。——译者注

③ 爱尔兰大饥荒(1845—1850)，俗称马铃薯饥荒。短短5年的时间，爱尔兰人口锐减近1/4。这次饥荒唤醒了爱尔兰人的民族意识，揭开了爱尔兰独立运动的序幕。——译者注

1837 年，加拿大人民爆发反对政府的起义，图为下加拿大人民与政府军激战

爱尔兰大饥荒期间，
某救济院前的一幕

丹尼尔·奥康奈尔（1775—1845），爱尔兰政治家、“独立运动之父”（阿尔弗雷德·霍菲绘）

国反对沙皇制度的人们正在养精蓄锐，准备再次发起暴动，推翻顽固的独裁者——神秘莫测、不苟言笑的尼古拉。

这段时间的英国和美国看似稳定，实际上动荡不安。英国制造商不满足于消耗美国堆积如山的棉花，将它们纺织成布料、制作成服装销往世界各地，而是深入地钻研，开发出更加坚固耐用的材料，制成服装；他们的销售网点遍及整个英国。那个被关起来的怪物——蒸汽机在“服役”的初期，能很好地工作；美国的莫尔斯正追求闪电般的传输速度。在英国，蒸汽机车这条巨龙问世了，但大多数英国人并不信任蒸汽机车，他们仍然喜欢乘坐马车——这些都是所有旅馆管理者，如托尼·韦尔特之流以及车夫和酒店侍从所钟爱的美好的古老的出行方式。这种新型快捷的、充满野性、呼啸而过的运输方式具有超自然的能力，它亵渎神灵，藐视上帝，令人害怕。教会和保守派特别反对它；但我后来得知，保守党人士惠灵顿公爵曾在女王陛下分娩时，为了在婴儿出生时准时到达，以每小时七十五英里的速度，乘坐蒸汽机车从伦敦来到温莎堡！与这次大胆而令人眼花缭乱的旅行相比，滑铁卢的危险又算得了什么呢？

就在女王结婚前一个月，伦敦出现了一场对英国乃至整个基督教世界而言都很美好的“联姻”。这就是国会法案通过的邮资改革，体现了知识和人性的结合。这项改革是由罗兰·希尔凭借卓越的能力、充沛的精力、坚定的毅力和勇气推动实施的。愿上帝保佑他！后来女王封他为爵士，尽管他并不需要这个荣誉，但是我肯定，接受女王的恩典他还是高兴的。这位可爱的老人简洁的名字充满了尊严，在印在一便士邮票上很久之前，就印在世人的心中了。

那个冬日下午，当这对皇室新婚夫妇在白金汉宫婚礼现场告别亲朋去温莎城堡时，生命之光照射在他们身上，照亮了他们周围的世界。对他们来说，天气一点儿都不寒冷。早晨，天空就下起了小雨，但当新郎和新娘乘上敞篷的四轮马车时，天气放晴了，灿烂的阳光照耀着他们。其他敞篷车载着很多朋友和侍从，跟在他们的马车后面。车夫和侍从都穿着红色的皇家制服，一切显得那么盛大，那么欢快。女王身穿白色的绸缎裙装，外面搭着一件皮衣，装饰了很多天鹅的羽毛。那段日子，她似乎非常喜欢围柔软温暖的精致披风。那天，她看上去多么像一只白鸽，她的帽子是白色的，上面还装饰着白色的羽毛。阿尔伯特王子穿着一件非常精致的毛皮外套，衣领高高竖起，头戴一顶高高的帽子。他在大部分时间都将帽子拿在手上，因为他必须不断地向致敬的大众还礼。

那天，整个英国万人空巷，举国欢庆，空气中弥漫着浓浓的啤酒味，到处回荡着欢快的婚礼钟声。全国各地都为穷人提供免费晚餐；至于味道鲜美的烤牛肉和李子布丁，只需付一半的钱就行了。我相信，乞丐们很愿意无限重复这样的庆祝活动，不会反对女王陛下来证明她就是个“女亨利八世”。

那天下午，维多利亚和阿尔伯特在狂热的、快乐的人群中驾驶着马车行驶了二十多英里，穿过了无数洋溢着节日气氛、点缀着字母“V”和“A”的拱门。这些拱门被各种花装点得喜庆极了，人们不禁好奇，在寒冷的冬天，这些花都是从哪儿弄来的？怎么弄来的？难道是大自然加速了春天的脚步，从而在婚礼时春满人间、群芳竞艳？女王那洋溢着幸福的脸颊不时地转向欢呼的人群，优雅地感谢他们分享她的欢乐。然而，人们观察到，她经常有意无意地看着她的丈夫。所以，她在结婚仪式上的举止流露出她内心的情感，正如一位目击者所记录的那样，她“被观察到频繁地凝视着阿尔伯特亲王，事实上，她的眼睛一刻也不曾离开过他”。我想她发现他“真好看”。可以肯定的是，此时此刻她在用眼睛与心灵崇拜着他，直到永远。在世人乃至朝臣们看来，岁月无情地流逝，偷走了他的青春，他的体态偏胖，开始谢顶了，他的皮肤失去了往日的细腻和光泽，他的双眼不再炯炯有神，但是对她来说，他似乎一直保持着他年轻时的优雅和荣耀。甚至在他弥留之际，当那骤然来临的昏黄的暮色悄悄地笼罩在他的脸上，遮蔽他眼中的光芒，他的笑容慢慢冷却时，在她看来，他依然那么俊美。她令人同情地讲述了那些悲伤的时刻：“他英俊的脸庞虽然比以往任何时刻都美，但已经瘦得不成样子了。”

然而，在他们婚礼的当天，死亡以及临终告别从未出现在这对皇家恋人的脑海中。生命属于他们，多么年轻的生命啊，他们健康，满怀希望和喜悦，他们之间的那份“完美的爱驱逐了恐惧”。

他们是如此年轻，如此无忧无虑。当他们的马车驶近温莎时，一群疯狂地挥舞着帽子的伊顿男孩儿突然跑出来欢迎他们，他们大笑着迎了上去。女王在她的日记里记下了这件开心事儿：“所有的男孩们跟着马车走进城堡，他们欢呼、呐喊，只有学校里的男孩们才这样。当马车进入院子，他们爬上了高处。当女王和亲王下车走到大门口的时候，古老的城堡里再次响起了他们热烈的欢呼声。”

不知夏洛特王后或者乔治家族中任何一位呆板、正统的荷兰女王，会如何看待这样一个喧闹的婚礼护送队？在庄严的温莎出现如此嘈杂的欢迎仪式，她们该做何感想？她们很可能会说：“走开，淘气的家伙！你们怎么敢这样！”

唉，这对皇家新人，尽管他们天性快乐，像孩子一样，但他们仍然是身份的奴隶。他们不能长久地将自己隐藏起来，避开世俗的眼光。几天之后，宫廷里的人从伦敦来了。“妈妈”和他们一起来了。我希望，至少她是受欢迎的。接着，就是宫廷中常见的表演、仪式和娱乐活动，毫无诗意，也不能令人感到愉悦。“夜夜笙歌跳舞”，大摆筵席，身着华丽的晚礼服，诸如此类，不一而足。但这些似乎没有打扰女王幸福美满的生活。利特尔顿夫人是这样描写这一时期的女王的：“我知道她的情绪非常高涨。毫不设防地同任何人交谈，对她来说，是一种新鲜事；以她坦率无畏的本性，迄今为止，不管出于何种理由，任何人对她的限制，都肯定令她非常痛苦。”

大婚第二天，女王就写信给斯托克马男爵道：“这个世界上不可能存在比亲王更纯洁、更亲和、更高尚的人了。”

她从未收回这些话，也从来没有理由将它们收回，她把这些话放在自己的心里。于是，她快乐而固执地崇拜了一年又一年，甚至不顾阿尔伯特亲王的温和抗议。然而，这种崇拜一定会宠坏任何值得爱的人。

为了主持朝政，聆听庆祝大婚的祝词，女王陛下被迫很快返回伦敦。英国各个阶层的男子几乎有一半自发组成了代表团。祝词的数量实在太多了，阿尔伯特亲王不得不“向女王伸出援助之手”。这些祝词无聊至极，根据女王日记所述，阿尔伯特亲王在一天之内就接受并亲自回应了不少于 27 份祝词！事实上，他差点儿在接受祝词时“死”去。

女王之后接待了上议院和下议院的许多成员，接受他们的祝词；接待了国教、苏格兰长老会全会、英国非国教者和教友会的代表团。所有人一起平静地走到维多利亚的宝座前，然后以各自不同的方式向“尊贵的君主”致敬；接着，所有人齐声忠诚地祈祷上帝保佑他们美丽的君主，并且希望她选择的这个清秀的年轻人能够举止端正，谦逊谨慎地陪在她身边，但是要站在稍微靠后一点，因为那才是他的位置；当然，不是作为圣经中所说的举案齐眉的丈夫，而是作为一个英国女王的德国配偶。

然而，无论何时，不管谁说她的丈夫从属于她，女王都不会完全接受。在那段时期，她可能会很高兴地取下王冠，戴在亲爱的丈夫的头上，脱下貂皮斗篷披在他那充满男子汉气概的肩上，而且她还第一个发誓要效忠“阿尔伯特国王”。

她认为，他至少可以拥有“国王—配偶”（King-Consort）的称号，也许正是因为这个想法，她推迟了多年，直到1857年，才正式授予他“亲王—配偶”（Prince-Consort）的称号。

毫无疑问，如果英国人一直寻找一个国王，那么他们的生活会变得越来越糟糕。乔治家族的四位国王，不知何故让英国人放弃了对“国王”一词的想象。水手威廉还没有完全让英国人接受国王的统治，因此，他们嫉妒外国人。另外，人们也担心，头衔越大，补助金也就越高。不过，阿尔伯特亲王并不需要这个毫无意义的荣誉，对于他的地位而言，这两个头衔之间并“没有实质性的区别”。我相信他不在乎这份荣誉，尽管头衔对于一个日耳曼人来说是非常珍贵的。聪明睿智的阿尔伯特亲王决定，“为了女王收敛自己的个性”。因此，最后，他深爱着的妻子授予他第二个头衔，也就是“亲王—配偶”，其实英国人已经这样称呼他了。于是，这个令人伤心的头衔一直让：“天底下最好的人，这么多年都没得到他应得的头衔”。

然而，他非常满意，因为这让她高兴。

当然，女王也最大限度地利用宪法赋予她的权力授予丈夫各种荣誉，毕竟他要比她优秀，所以，她要尽可能地授予他荣誉。

在他们结婚之前，她曾赐予他高贵的嘉德勋章、佩星和标章。嘉德勋章是用钻石打造的。现在，她又赐予他巴斯骑士大十字勋章。这次授勋令她满意。她一定喜欢为高贵的阿尔伯特发明一些勋章，然而，他本人就是这么好的一枚徽章。她还封他为龙骑兵第11团上校。他骑术非常好，因此，她把这个团的名字改为“阿尔伯特亲王私人骠骑团”。

女王和亲王形影不离，他们一起参加检阅和艺术展览，一起去教堂和剧院（女王那时非常喜欢看戏），一起去做客，一起去看赛马。无论他们走到哪里，人们都为他们的甜蜜和幸福感到高兴。

4月初，肯特公爵夫人，出于她所认为的责任，也为了女王好，离开了亲爱的女儿，独自在伦敦的英杰斯特里宫住了下来。后来，她又搬进了爱丁堡公爵目前居住的克劳伦斯宫。当宫廷设在温莎的时候，公爵夫人住在风景非常迷人的弗罗格摩尔。这里属于皇家地产，离温莎城堡非常近，因此她几乎每天都能和维多利亚一起吃饭。对关系非常亲密、相互依恋的母女来说，这种分离仍然是一种考验。母女俩都觉得非常艰难，就像阿尔伯特亲王与他的哥哥欧内斯特分离时一样，因为就在那时，他哥哥的漫长访问结束了。看到女王对两个大男人离别时过度哀伤的描述，即使是最多愁善感的读者也会嘲笑他们，但不要忘了，当时蒸汽机车刚用于海陆交通，要从英格兰到欧洲大陆任何地方都不是一件轻松的事。所以，兄弟俩合唱了一首大学时期悲伤的歌后，接着毫无疑问，以德国人的礼仪拥抱、相互亲吻脸颊。“可怜的阿尔伯特面色苍白如纸，眼里噙满了泪水。”啊，如果他的“灵魂”看到他的儿子，阿尔伯特·爱德华，只用了8个小时就从伦敦到了巴黎，他会说什么呢？爱德华在欧洲大陆各地旅行，轻轻松松地从哥本哈根到戛纳，从布鲁塞尔到柏林，从汉堡到圣彼得堡，快乐得像个小学生带着一只“快乐的百灵鸟”去布莱顿或马尔盖特旅行度假了一般。王子徒步旅行的日子已经一去不复返了。现在，他们就像商业游客一样经常旅行。

6月初，女王、亲王和他们的宫廷离开繁忙、烟雾弥漫的伦敦，到安静、空气清新、风景迷人的克莱蒙特过了一段安逸的日子。其间，他们还坐着四轮马车去了德比。他们轻车简从，只带了警卫和车夫——真是胆识过人！

6月1日，阿尔伯特亲王应邀在埃克塞特大厅主持一次盛大的政府会议，会议的主旨是废除奴隶贸易。他不仅主持了会议，还做了一个很好的演讲。那天早上，他还在女王面前练习了好多次。这对他是一个考验，因为这是他第一次面对这么多受人尊敬的观众用英语演讲。这就像一个非常年轻的“但以理来审判”古老的犯罪行为，因为亲王还不够成熟。

那个甜美的贵格会教派女信徒卡洛琳·福克斯，在她那令人愉快的《日记》中，如此描述了出现在这个有趣场合的亲王：“阿尔伯特亲王一出场，雷鸣般的掌声就响了起来，但他表现得沉着冷静，谦逊有礼，不卑不亢。他确实是一个非常漂亮的男人，一个地地道道的德国人，一个很有品位的贵族典范。”

啊，那个力推奴隶贸易的“强悍冠军”威廉四世，当他看到他侄女的丈夫代表皇室支持这样一个狂热激进的集会，他会说些什么！这足以让他在温莎的棺材里怒火中烧。

然而，对于这个问题，假设我们的祖先，那些虔诚地相信过去，在古老传统中死去的男男女女，都知道我

卡洛琳·福克斯（1819—1871），因私人日记而知名

们现代发生的事情，了解政治和人道主义的改革，以及我们“所谓的科学”与社会伦理，那么，无论是躺在皇家陵园的皇族成员，还是躺在乡村教堂墓地里的平民百姓，他们会不会“不寒而栗”？

Queen Victoria

第十六章 长公主出生

精彩看点

女王遇袭——牛津“只不过是个酒馆服务生而已”——家庭聚会——长公主出生——长公主的洗礼

1840年6月10日，第一起企图暗杀维多利亚女王的疯狂事件发生了。当时，她和阿尔伯特亲王正乘坐一辆小敞篷车前往白金汉宫附近的宪法山。阿尔伯特亲王在给祖母的信中，很清楚地描述了这次暗杀。他说："我们刚刚离开白金汉宫，走了不足一百码，我注意到，在我身边的这条人行道上，有个个头矮小，看上去猥琐的男人手里拿着什么东西，对着我们；我还没看清楚他拿着什么，一声枪响几乎震晕了我们两个。枪声太响了，离我们不到六步之遥，马受了惊，车子停了下来。我抓住维多利亚的手，问她是不是吓坏了，她却大笑起来。"

这个家伙几乎立刻就开了第二枪，亲王沉着冷静地将女王拉在身边，蹲了下来，女王这才躲过了一劫。他说，子弹刚刚擦着她的头飞过。这个可怕的人立刻被逮捕，接着被带走，不久就被控叛国罪遭到了审判。在场的人看到女王的脸色非常苍白，但她很平静。她从马车上站起来，让惊慌的人们看到她并没有受伤，然后，她命令车夫立即前往英杰斯特里宫，因为她想第一个告诉肯特公爵夫人这件令人震惊的事件，这样她就不会被那些添油加醋的谣传吓坏。女王这样做体现出她的体贴、孝顺和勇敢。她周围的人怀疑可能存在一个鼓动革命的阴谋，那个叫牛津的男子只是多个刺客之一。这些人危言耸听，建议她和她的丈夫尽量减少外出。他们是如何看待这个建议的？阿尔伯特亲王的信中显示："我们安全抵达肯特姑妈家。从那里我们坐车穿过公园，让维多利亚呼吸一点儿新鲜空气，同时也为了向我们的人民表明，无论发生什么，我们都不会对他们失去信心。"

亲王并没有提这件激动人心的事，但我在别的记录中找到了。当女王的马车到达公园时，成群结队的人们开始热烈欢呼，面露微笑，热泪盈眶。步行者和马夫们汇成了欢乐的海洋。当他们靠近大理石拱门时，不少人都骑马跟着他们，骑马道上所有的马都撒着欢地跑，一直将他们护送到白金汉宫。据说，这种情形持续了好几天。只要女王和亲王驾车外出，人们都会自发护送他们。

当然，整个国家都很兴奋。虽然女王的生命受到了威胁，但她比以往更受欢迎。他们说，女王在这次令人震惊的枪击事件之后第一次去歌剧院是一个令人难忘的时刻。人们极其隆重地迎接了她。所有的观众都站起来，他们欢呼呐喊，手中挥舞着手帕和帽子，直到国歌奏响，他们才安静下来。国歌刚一结束，人群便再次爆发出狂热的欢呼声。我敢肯定，在整个过程中，女王陛下都站立着，不断地欠身致意和微笑，她的心都融化了。

当然，事实表明，阴谋是不存在的，那个叫牛津的人“只不过是个酒馆服务生而已”。他因精神错乱而被宣判无罪，但被监禁在贝德兰姆多年。据说，他的病治愈后，他被送到澳大利亚，从事着比枪击女王更好的工作，并过上了正常的生活。他总是声明自己没有疯，除了他已有的恶名之外。

继牛津之后，还曾有五六个人朝女王陛下开过枪。有位可怜的退休官员罗伯特·帕特在1850年伏击了女王，他将一根手杖狠狠地打在她的脸上，最后有证据表明，他是由于精神失常而为之，于是被关进了疯人院。英国人太骄傲、太政治化了，他们不会承认一个心智健全的人会起而对付英国的立宪制君主。当加菲尔德总统遭到枪击的消息传到伦敦时，一位有名的英国绅士对我说，“当你枪击你们的总统时，我认为我们就不会被美国吞并。”

我提醒他，英国已经发生了多次企图刺杀他们心爱的女王的事件，并补充道：“我相信嗜杀成性的疯狂既困扰着君主制国家，也困扰着共和制国家，区别只是在于，对我们来说很不幸的是，我们的疯子射击水平更高。”

可以肯定的是，对于土生土长的君主主义者，一位受膏者的头上，无论是戴着一顶男士丝帽，还是一顶女士草帽，都萦绕着王冠的光芒，这耀眼的光芒令那些准备弑君的人无法瞄准，无论距离远近，他们肯定会错过目标。唉，可惜我们可怜的总统并没有君主的光环或“神的护佑”！或许正是因为这种勇气和目标的不稳定性，欧洲大陆的弑君者正在采取更加严格和有效的手段，他们相信那些被祝福的王冠是不可能“眩晕”炸药的，帝国的“神”也不可能是防炸弹的。

7月，议会通过了一项法案，并获得女王的批准。该法案预示着某种可能的权力变动。该法案规定，若女王在她的继承人年满18岁之前驾崩，阿尔伯特亲王将为摄政王。

8月，女王自结婚以来第一次让议会休会，然后带着英俊潇洒的丈夫，去认识所有的贵族。阿尔伯特亲王穿着陆军元帅的制服，衣领上戴着嘉德勋章、巴斯勋章和钻石星佩。女王让阿尔伯特亲王坐在稍微低于她、但离她很近的一把椅子上，这把椅子是镀金的，非常华丽，上面有雕花，并放着天鹅绒垫子。亲王写信给他的父亲，告知他这个好消息。“议会休会非常平静地通过了。”他有理由担心，坐在那个崇高的座位上的权利会受到质疑，担心老苏塞克斯公爵会步履蹒跚地走到宝座跟前大叫：“我反对！我反对！”

然而，这种事情根本没有发生。女王凭着智慧和勇气，先战胜了王室的老守旧派，这些人首先注重礼仪，然后才考虑人的本性。女王的母亲、舅舅和舅妈，亦即比利时国王和王后，也都在场。因此，这更像是一个家庭聚会。

善良的利奥波德舅舅对维多利亚和阿尔伯特亲切地微笑着，似乎对阿尔伯特的表现很满意。女王身着盛装，戴着钻石王冠和所有的徽章，看上去非常自豪和喜悦。然而，她的双眼偶尔有点儿恍惚，略带一丝不安，这种情形虽然不常见，但她的母亲明白是怎么回事。

从这一天起，阿尔伯特亲王的地位就稳固下来了。他和妻子坐在有12匹奶油色、长尾巴的马来拉的皇家马车去兜风，旁边是身穿华服的侍从。他现在坐在比上议院其他王子或贵族更高、更接近女王的位置上。女王为他做的下一件事是让他成为枢密院的成员。但过了一段时间后，他晋升的职位比这更高了，因为11月21日午后，公主殿下在白金汉宫出生了。

天刚亮，女王和亲王就派人去请肯特公爵夫人了，公爵夫人急急忙忙就赶了过来。他们还派人请来了苏塞克斯公爵、坎特伯雷大主教、伦敦主教、大法官、墨尔本勋爵、帕尔默斯顿勋爵、埃罗尔勋爵、阿尔伯马尔勋爵、约翰·罗素勋爵和其他枢密院议员，因为宪法规定英国的王位继承人出生时他们必须在场。他们熙熙攘攘地走来，就像英格兰新时代的一群老人在乡下的某个地方参加类似的聚会一样。或许他们都在期待一个男孩儿。然而，这个女孩是一个非凡的孩子，当她只有两天大的时候，她的爸爸写信给她在科堡的祖父说："这个小婴儿身体非常健康，看起来非常快乐。"婴儿的出生让亲王充满了欢喜，但他承认他有点儿难过，因为这个孩子跟她的母亲一样，都是女儿身，而不是一个儿子。他坦率地写信给他的父亲：“如果这个孩子是一个儿子，我肯定更高兴，维多利亚也会的。”但奇怪的是，英国人民也是这么想的，尽管国王统治他们时，他们很不幸运；而女王统治他们时，他们却很幸运。教会和政府的大官员都走了，可能他们会说：“只是一个女孩啊！”这个婴儿常常被称为“亲爱的小猫咪”，如果她知道这一切，她可能就不会这么“快乐了”。她被看作是一个临时用来阻止坎伯兰的权宜之计，自然她没有那么多的银杯和金勺，如果她是一个男孩，可能也没有那么多枪，可怜的小东西！当礼炮声停止时，整个城市的人都在说：“只是一个女孩！”

几年后，当她的一个兄弟出生时，礼炮隆隆作响，道格拉斯·杰罗德在晚餐时对一个朋友感叹道：“他们需要给这些皇家婴儿擦多少粉啊！”

女王在日记中愉快地记述了丈夫在她生病期间对她的照顾。她提到丈夫时总是用第三人称，她说：“当女王卧病在床时，他的照顾和关心是无法用语言表达的。他拒绝去剧院或去其他地方；通常他只与肯特公爵夫人一起进餐，直到女王能够与他们一起进餐，而且他总是准备做他力所能及的事情来让她感到舒适。他很乐意在漆黑的房间坐在她床边，给她读书或为她创作。他把她从床上抱到沙发上，或用沙发将她推到隔壁房间。为此，无论他在哪个房间，他总是随叫随到。随着时间的流逝，他的工作越来越繁重，即使在他很不方便做这些事时，他也会坚持（因为女王每次分娩时他都是这样做的），而且他的脸上总是带着甜蜜的微笑。”女王补充道：“简而言之，他就像母亲一样照顾她，再也不可能有比他更善良、更聪明或更审慎的护士了。”

女王患病期间，亲王还与她的部长们共同协商，并为她处理所有必要的事务。女王9次分娩，亲王的表现始终如一。希望美国所有的丈夫以及全世界各地的丈夫都以女王的丈夫为楷模。

那年他们在温莎度过了一个令人高兴、心怀感激的圣诞节。这是他们婚后的第一个圣诞节，也是他们一起度过的第一个圣诞节。他们受到牧师和民众热烈而真诚的祝福，很明显，就连上天也祝福着他们。

转年的一月，女王亲自召开了议会，用她令人羡慕的语调给贵族和议员们又做了一次演讲。就连英国保守党人也说：甜美的声音是“女性最出色的东西”。当然，阿尔伯特亲王在她身边，她看起来比平时更自豪、更幸福。她还为自己和亲王找到了新的荣誉——最高贵、最古老的为人父母勋章——无比古老却又历久弥新。

那一天，年轻的亲王可能已经在心中甜蜜地预感到，以后他将会从长女对他的爱与孝顺中收获奇特的安慰和喜悦，尽管她“只是一个女孩”。

那一天，女王的王冠上增加了一颗新宝石，一颗“无比珍贵的珍珠”——一个纯洁的人类灵魂。

那位忠实的辅助者，比利时利奥波德国王，是公主殿下的洗礼仪式的主持人。洗礼仪式在白金汉宫举行，那天正好是她妈妈的结婚纪念日。这个小女孩取名为维多利亚·阿德莱德·玛丽·路易莎，她的父亲说她表现得“非常得体，就像个基督徒”。

维多利亚女王婚姻生活的第一年就这样结束了。依据我们掌握的这些记录，如果我们说这是幸福的一年，那么我们就低估了这桩婚姻的和谐和满意程度。然而，对任何婚姻来说，说幸福都有点儿过头了，因为婚后第一年是尝试阶段，两个有着不同品味和习惯的人必须要相互磨合，有时他们必须勇敢地放弃一些东西。这是一个调整和牺牲的过程。性格中的冲突和不搭调的因素必须要摒弃，但如果摒弃得太多，他们的性格就会改变，就会有损他们的生命、才华、个性和意志。

女王始终认为，亲王做了所有的牺牲，他无私地调整他的生活习惯和性格来迎合她的生活习惯、性格以及地位。婚后不久，她记录了一个事实，即她开始接受他的独特品位，尤其是他对于安静的乡村生活的热爱。她说：“我告诉阿尔伯特，以前我很高兴去伦敦，离开伦敦我就感到难过；现在，由于我的婚姻生活很幸福，所

长公主维多利亚与父亲阿尔伯特亲王，画中之犬是灰狗厄俄斯（约翰·卢卡斯绘，1841 年）

1842 年的维多利亚女王、阿尔伯特亲王和长公主维多利亚

长公主维多利亚（弗朗茨·克萨维尔·温特哈尔特绘，1842 年）

以自夏天以来，我不喜欢也不愿意离开乡村，永远不去城里我也会很满足、很高兴，因为这让他高兴。”

我担心女王陛下的一些臣民，他们不愿意人们记住“善良的阿尔伯特”，因为他改变了他们曾经快乐、纯真、喜欢跳舞、骑马、驾车和看戏的女王。这些不满者只是一些伦敦人，他们大多数是商人、记者、女帽制造商和在海德公园闲逛的人。我想，美国和库克的游客也认为女王应该居住在她的首都——至少他们在伦敦旅游的那段时间住在伦敦。

总的来说，维多利亚女王婚后的第一年，他们迅速而繁忙地过了整整12个月的蜜月（也许迅速正是因为繁忙）。似乎某个仙女化妆为衣着朴素的凡夫俗子参加了他们的婚礼，还给他们带来了微不足道的礼物——一罐蜂蜜。然而，装蜂蜜的罐子很是神奇，它像穷寡妇被祝福的油壶一样永远自动更新。而罐子里的蜂蜜是由从阿卡狄亚采来的花蜜酿造而成的。

Queen Victoria

第十七章

罗伯特爵士成为首相

精彩看点

男孩琼斯和他奇怪的恶作剧——内阁的变化——罗伯特·皮尔爵士成为首相——阿尔伯特亲王出任美术委员会主席——威尔士亲王的诞生——女王用一个很漂亮的举动纪念这个事件

人们在白金汉宫发现了著名的“男孩琼斯”，于是轰动又起。这个奇怪的年轻人是王宫的“常客”。别看王宫戒备森严，但大约两年前他就对王宫熟门熟路，进出自如了。后来，他被捕了，最终隐居度过了余生。一天清晨，一个门卫在悠闲地检查一间宫室时偶然发现了他。他被抓后，门卫搜了他的身，但是没发现可疑之物，接着，门卫在大厅里发现了一个行李卷，很明显是他的，里面有旧信件，一把剑和一壶熊油。他看起来像个扫烟囱的，浑身沾满了烟灰，但他否认他是个扫烟囱的。前一段时间，他住在掌马官的一间空房子里，床上还留着他身上的烟灰。他声称，他入宫不为盗窃，而只是为了满足好奇心，他想看看皇室成员和大批皇家士兵们是如何生活的。法官对这个小丑的审判令人们啧啧称奇。在回答提问时，他承认或者吹嘘，他以前就进过王宫，每次进来都待上几天，事实上，是“住上”几天。他还说：“我发现一个非常舒适的地方。白天，我常常躲在家具后面或烟囱上面；每当夜幕降临，我就四处走动。我到厨房去找些食物。我见过女王和各部的大臣，而且听到他们之间的全部谈话。”

法官问：“你的意思是，你一直穿着同一件衬衫吗？”

犯人答：“是的，当衬衫脏了的时候，我去厨房里洗。我最喜欢的房间是客厅。”

法官问：“你是一个扫烟囱的，对吗？”

犯人答：“哦，不是。由于我睡在烟囱里，所以我的脸和手都弄脏了……我在王宫里熟门熟路，所有的地方我都溜达过，就连女王的寝室和其他房间也不例外。女王非常喜欢政治。”

他是个特有趣的流浪者，非常快乐，年轻，厚颜无耻。最终，法官没有严厉地惩罚他，即使他第二次“闯入”王宫，他也没受到严厉的惩罚。当时，门卫发现他蜷缩在一个隐蔽的地方，就把他拖到了警察局。这次，他说他隐藏在女王寝室的沙发下，听到她和阿尔伯特亲王之间一段很长的谈话。于是，他就被送到感化院关了几个月，希望这样能治愈他热衷于闯入王宫的病症。然而，当他被放出来后，人们又发现他在王宫附近溜达，而且离王宫越来越近。难道王宫是块能牢牢吸住他的磁石？后来，他被送到了澳大利亚，据说在那儿，他成为一个富足的移民。也许在那里他遇到了房屋油漆工牛津，他们经常在一起谈论他们的事迹和冒险活动，就好像他们是尤利西斯与埃涅阿斯那个时代的英雄和冒险者似的。我们可以想象，琼斯是个特别有趣而且很有益的伙伴，因为他有着对白金汉宫生活的丰富想象。他曾经进入这些庄严的地方，而且长时间未被发现，肯定不会说警察和王宫的好话。最后，亲王和女王召见斯托克马男爵，让他给王室宅邸的管理出谋划策，这不足为奇。斯托克马男爵确实能够创造奇迹，尽管他主要是在激励相关官员各尽其责方面下功夫。这个不同寻常的人似乎是秩序、纪律、经济和调度方面的天才。他发现偌大的王宫内有太多官员，各个部门有太多的繁文缛节，像蜘蛛网一样缠绕在一起。最后他进入皇家幼儿园（Royal Nursery），并着手开始改革。他在《回忆录》中写道："组织与监督皇家幼儿园花费了斯托克马相当一部分时间，比国王处理政务还要麻烦。"那些英国保育员和女佣私下里很可能会质疑德国医生干涉他们事务的权利。这位德国医生居然规定了皇室公主殿下应该吃什么、喝什么和穿什么。然而，他们后来见证了公主殿下的风采，这都是男爵护理与培养的结果。她是个"漂亮，肤色白皙，身材笔挺的小家伙"，一个面色红润、身体强壮的小女孩。男爵提到她时写道："她圆得像一只小桶。"而她的母亲则写道："小猫咪的脸圆鼓鼓的，脸颊既红润又饱满。"

王宫进行改革后，访问王宫的客人再也没有发生过类似于基佐先生所描述的危险。据基佐先生描述，一次，他去王宫做客。到了晚上，他找不到一位仆人带他去他的房间，于是他只得穿梭于各个大厅，就像可怜的匹克威克先生在客栈那样。结果他误入女王陛下的寝宫。那个男孩琼斯也曾在王宫中游荡过。

在有人“闯入”白金汉宫的那段时间，伦敦还有个年轻人，他也有“闯入王宫的狂热”，但是情况有所不同。他也是在“没有任何明显的帮助下”闯入王宫的，但是没有人称他为流浪者或者窃贼，他只是一个冒险者或者是“冒牌货”。他尤其喜欢温莎宫，曾经有人残忍地欺骗了他，给他伪造了一份女王在温莎城堡举行盛大舞会的请柬。他在一个朋友的帮助下，穿上宫廷服饰，来到了温莎城堡，但城堡门卫却说名单上没有他的名字。后来，一位职位更高的王宫官员告诉他，真的是搞错了，因为女王根本就不认识他，因此不能接待他。我们将会看到9年或10年之后，他再次来到王宫会是什么样子。

然而，毕竟法国王宫对这个年轻人更有吸引力，因为他是法国人。他渴望进入杜伊勒里宫。他不愿意藏在任何家具背后或下面，而是想坐在那里最豪华的椅子上。他非常向往圣克劳德宫和枫丹白露宫，甚至庄严的凡尔赛宫。一位英国政客向另一位英国政客说：“你见过像他这么傻的家伙吗？天哪，他居然相信他将会成为法国皇帝。”

杜伊勒里宫

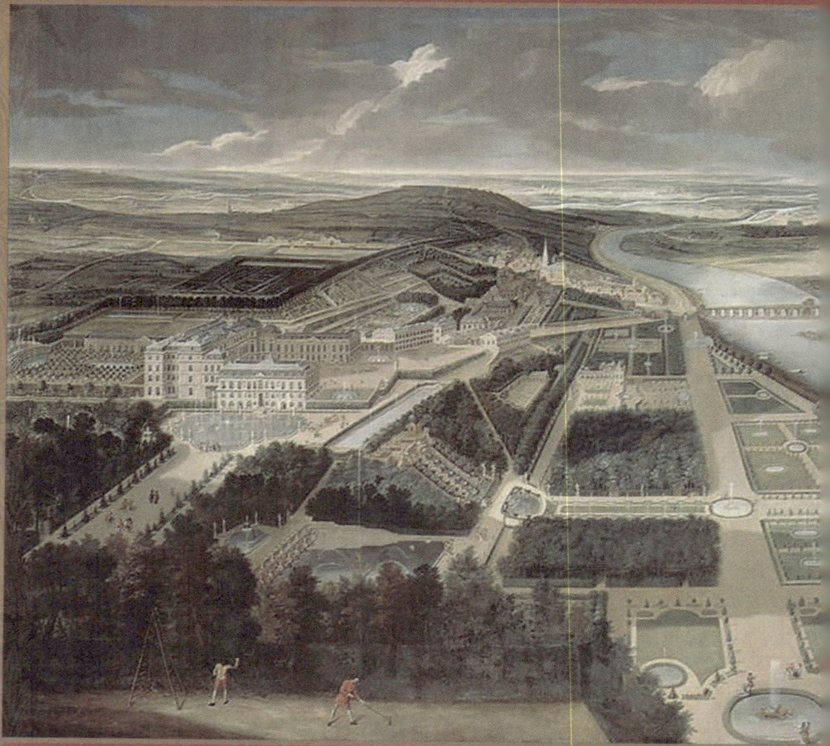

圣克劳德宫

那个“家伙”就是路易·拿破仑·波拿巴[①]。

这年8月，辉格党内阁成员发现，在新议会中他们变成了少数派。于是，辉格党就下台了。然后，保守党组成了内阁，罗伯特·皮尔爵士当上了首相。女王非常舍不得与她的宠臣和忠实的朋友墨尔本勋爵分开，但她很快就适应了保守党内阁，一切都很融洽。阿尔伯特亲王对女王的善意影响，他的审慎忠告与经验，以及他对宪法限制女王权力与规定女王义务的清楚了解，极大地改变了女王陛下强烈的党派偏见以及她可能会存在的个人化、不负责任的治国倾向。

新首相受益于一个重要的因素，那就是他与阿尔伯特亲王合得来。他最早提出的法案之一就是建议成立一个美术委员会，这个委员会将由英国最杰出的艺术家和鉴赏家组成。阿尔伯特亲王将出任主席，主要职责是监管新一届议会的艺术工作。他常将此称为他“融入大众生活的开端”。女王非常高兴——丈夫每次进步，她都非常高兴，可以这么说，这象征着英国人文科学的进步，同时也象征着社会和政治改革的进步。我相信，人们一般都不知道，结束英国军人决斗传统的新军事条例的出台，正是归功于女王丈夫的仁爱对惠灵顿公爵的影响。

① 后文称路易·波拿巴。路易·波拿巴（1808—1873），即拿破仑三世，拿破仑一世之侄，曾流亡英国，后于1848年当选为法兰西第二共和国总统，1852年称帝，建立法兰西第二帝国，1870年被废黜。——译者注

主啊，让记忆长青！

女王婚后的第二年又慢慢流逝了。这年11月，大主教、主教、政府要员、医生、善良的岳母和护士们再次被焦急的阿尔伯特亲王叫进了白金汉宫。这次，女王生了个男孩。那些神职人员和政府要员都觉得，他们一大清早出门，在前厅等候了4个小时，是值得的。阿尔伯特亲王喜出望外。王宫里每个人都欣喜若狂，一片混乱。信使被派去给王室所有的亲戚报喜讯。据说不到3分钟，消息就传递到住在马尔堡宫的王太后那里。当他们一个接一个气喘吁吁地进来，女王陛下也许会以为她和阿尔伯特亲王生了三胞胎呢。伦敦上空炮声隆隆，似乎将喜讯告知全城人民。枢密院召集会议，商议祷告和感恩的形式，以缓解人们心中的焦虑。所有的教堂都敲响了欢快的钟声。小阿尔伯特·爱德华就这样在后来他所统治的国度出生了。

爱德华的7个弟弟妹妹出生时并没有如此大费周章，但他们也很受欢迎，唉！极少有孩子能过得像他们这样舒服，有这么多人爱护、帮助他们。女王可能想到了这一点，对那些小生命心生怜悯，她借此机会做了一件非常漂亮的事。她通知内政大臣，给所有表现不错的罪犯减刑，那些能宽大处理的罪犯应该立即释放。她有权得到幸福，她也确实很幸福，她在日记中描绘的那幅美丽的图景就可以证明：

> 阿尔伯特抱来了亲爱的小猫咪，她穿着妈妈送给她的一件漂亮的白色连衣裙，镶有蓝色边饰，戴着一顶漂亮的帽子。阿尔伯特将她放到我的床上，然后坐在她旁边。她非常可爱，也很漂亮。我的无价之宝阿尔伯特就坐在那里，我们的小可爱就在我们中间，我感到太幸福了，对上帝充满了感激之情。

12月她在温莎城堡给舅舅利奥波德写了封信。她说："我想知道我们的儿子会像谁。你明白我是如何热切地祈祷，我希望他无论在哪一方面，思想也好，身体也罢，都要像他的父亲。"后来她写道："我们都有自己的难处和烦恼，但只要一个家庭是幸福的，于是比较而言，其他就不重要了"。

他们在温莎度过了一个格外开心的圣诞节。按照英格兰古老的风俗，跳舞庆祝新年的开始。现在增加了一种富有诗意、令人印象深刻的德国习俗，当钟敲了12下时，嘹亮的号角声响起了。

威尔士亲王在温莎城堡的皇家教堂接受了隆重的洗礼，普鲁士国王腓特烈·威廉[①]作为主办人，也赶了过来。

---

① 腓特烈·威廉（1795—1861），普鲁士国王，1840年继位。他坚持开明统治，大大提升了普鲁士的国力。——译者注

接着，温莎和伦敦举行了各种各样的盛大庆祝活动和游行。女王以一切可能的方式表达对“普鲁士兄弟”的敬意，举办宴会和舞会，将议会延期，亲自将金光闪闪的嘉德奖章授予他，并为他检阅了“阿尔伯特亲王的骠骑兵”，他本人也站在士兵队列中。

亚历山大·冯·洪堡[①]男爵也随普鲁士国王来到英国。女王和亲王当时乃至后来都对这个著名学者礼遇有加。1859 年，亲王知道了洪堡男爵的死讯，就写信给太子妃说：“洪堡辞世是多么大的损失啊！你和柏林人民都将非常怀念他。这种人才太稀缺了，他们是一个国家、一个世纪的荣耀和恩典。”后来，男爵的私人信件被出版后，人们发现其中有些内容是诋毁和讽刺亲王的，正如亲王断言，之所以会出现这些歪曲事实的言辞，可能是因为男爵误解了他的政治观点，尽管男爵的言辞伤害了亲王，但亲王并没有怨恨他。与他那些令人敬佩的私人信件相比，亲王在这件令人不愉快的事发生时说的几句话更为明智、更为仁慈。他说：“这件事无关紧要，因为任何人在给知心朋友写信或者和他们聊天时，都会由于一时冲动，什么话都能说出来。然而，出版社太轻率鲁莽了。如果出版社宣传一个人说了另一个人什么，或者他根本没有说什么，那么将会使多少人成为死敌啊！”

---

① 亚历山大·冯·洪堡（1769—1859），德国伟大的地理学家，对后世影响极为深远。——译者注

洪堡与同伴科学家伐普朗考察厄瓜多尔钦博拉索火山(弗雷德里希·乔治·维特斯克绘)

洪堡在书房（爱德华·希尔德布兰特绘）

不过，无论这样做使多少人成为死对头，对死者又有什么影响呢？他们如此不公正地对待我们。我们可以否认，我们可以大呼冤枉，但我们无法让他们向我们道歉，或者让他们收回或改变他们残忍的讽刺，准确地说，是残忍的嘲笑。他们似乎悄悄地打开墓门，朝那些刚刚在他们墓前放置花环的哀悼者射箭。卡莱尔就从他的坟墓里非常准确地进行了射击。亲王的英国传记作家称洪堡的出版商为“诽谤者”。然而，这位英国作家严词谴责活着的作家们（尤其是美国作家）友善的人格，他似乎喜欢在天才死后攻击他们，但这种做法却揭示了他的道德缺陷和病态。现在，每个伟大的英国作家过世时，跟他关系亲密的忠实的朋友都会极度恐惧，都担心会在这些作家的作品中发现自己受到唾弃甚至是讽刺。

在温莎举行庆祝活动期间，女王让小威尔士亲王站在楼上的窗口，这样人们就能看到他了，人们都对他表示满意。当时，宫廷里的一位女士称他为“全英国最漂亮的宝贝”。或许他真的是。他很漂亮，也很结实，有着一对迷人的蓝眼睛。这么多年过去了，在我看来，他的长相似乎都没什么变化，一张清秀的脸庞就像那天保育员抱着他出现在温莎城堡窗口时一样。他仍然有一对漂亮、饱满、令人愉快的蓝眼睛。虽然现在他的头发不多了，但当时他的头发也不多。

两年后，历史学家泰特勒看到他时，兴奋地描述了一幅迷人的景象。一天早晨，泰特勒与其他人一起在温莎城堡走廊里等着见女王。女王领着威尔士亲王走了过来，她一边走一边优雅地向人们致敬，小王子“一路上蹦蹦跳跳的，快乐极了”。当女王来到泰特勒先生跟前时，泰特勒先生“看着她和小王子，欣喜地鞠躬”。女王向他还礼后，让小王子也给他鞠躬，她对小王子说：“鞠躬！”“当女王这样说时，剑桥公爵和其他人都站着一动不动。小王子微笑着直接走到我跟前鞠躬，然后伸出了手，我立即拉住他的手，弯下身，低头吻了一下。”他补充道，女王“慈爱地微笑着，看着小王子，因为小王子的举止非常优雅”。

第十八章 矮人与巨人

精彩看点

恶棍与君主——门德尔松来访——女王首次访问苏格兰——法国和比利时之行——苏塞克斯公爵之死——阿尔伯特亲王的父亲之死——矮人与巨人

1842年并不全是欢乐和喜庆。这年，英军在喀布尔惨败；英国政府陷入财政危机。为了摆脱危机，白金汉宫举办了以慈善为名义的舞会，但结果未尽如人意。5月，约翰·弗朗西斯试图暗杀女王，这是女王第二次遇刺。

女王这次表现得很勇敢，这也是她和阿尔伯特亲王所期望的。他们强烈地感觉到，应该是头一天朝他们开枪的那个可怜的家伙，在人群中瞄准他们，但是子弹并没有射出去。于是，女王和亲王就单独驾车出去，警惕地寻找刺客。最后，在刺客刚要开火时，他们看见了他。子弹从马车底下飞了过去。弗朗西斯立即就被捕了。布洛姆菲尔德夫人当时是女王的贴身侍女。当天晚上，她在王宫里激动地描述了当时的情景，并引用了女王的几句非常漂亮的话。这几句话表明，女王是极体谅他人的。她说，罗伯特·皮尔爵士当时也在场，他为女王陛下的冒险举动深感忧虑，但女王却转过头来对她说："我敢说，格奥尔基，你今天很惊讶没有和我一起坐车，但事实是，我们昨天从教堂回来时，一个人用枪瞄着马车厢的窗口。枪声一响，我们非常吃惊，还没等我们反应过来，他已经逃走了。我知道今天可能会发生什么，因此我决定，除了确保我的生命之外，不许任何人冒险。”

弗朗西斯接受了审判，并被判处死刑，但由于女王的宽宏大量，所以他被减刑去做运输苦役了。就在那天，“驼背宾”试图用纸和黏土块袭击女王。他是一个可怜而智力低下的家伙，因此，他只被判了18个月的监禁。

不久，女王和她比利时的舅妈、法王路易·菲利普的家庭成员深切哀悼奥尔良公爵——他因摔下马车而死。如果他活着，路易·拿破仑就不可能当上法国皇帝了。

因此，这年夏天女王过得并不愉快，尽管她也曾在接待阿尔伯特亲王的哥哥——现在的萨克森-科堡公爵欧内斯特和他的新娘来英格兰度蜜月时感到快乐。他们还高兴地接待了伟大的作曲家门德尔松的来访。门德尔松从温莎给母亲写信说：“尤其值得一提的是这位漂亮、迷人的维多利亚女王，她看起来那么年轻，那么彬彬有礼，那么雍容娴雅，说着一口流利德语，而且她对我所有乐曲了如指掌。”门德尔松以一个日耳曼人的身份高度赞扬了女王。秋天，女王和亲王第一次访问苏格兰。他们所到之处受到热烈欢迎。风景优美的苏格兰对他们的健康大有裨益。他们给爱丁堡人一个很大的惊喜。当他们一大早就乘船到达爱丁堡时，官员们本来为了迎接他们已经做了充分准备，布置了鲜花，安排了演讲，可

奥尔良公爵费迪南·菲利普（1810—1842），七月王朝唯一一位合法王储。1842 年他不幸坠亡，成为七月王朝覆灭的重要原因

欧内斯特的新娘，巴登公国的亚历山大公主（弗朗茨·克萨维尔·温特哈尔特绘）

是由于他们到达的时间太早了，那些官员们还在睡梦中。然而，庞大的旧城区盛大的游行弥补了遗憾。那天，方圆几英里的人们都倾巢而出，一股脑儿涌进了爱丁堡城。在一些关于女王此行的趣闻逸事中我发现了下面这段有趣的对话。

> 一位住在爱丁堡附近的绅士对他的仆人说：“约翰，你看到女王了吗？”
>
> “我发誓，我看到了，老爷。”
>
> “那你觉得她怎样？”
>
> “说实话，老爷，她来之前我很害怕，我的心都提到嗓子眼儿了，但她真的来了后，我一点儿也不害怕。我只是看着她，她也看到了我。她向我欠身致意，我也还了礼。”

女王出行时，随从比现在要多，另外还有苏格兰贵族和高地酋长护送，所以整个队伍非常庞大。我在清单中发现，护送女王陛下及其随从从达尔基思到泰茅斯，从泰茅斯到达尔基思用马656匹。然而，如果与从前的皇家排场相比，这倒也算不了什么。据说，把玛丽·安托瓦内特和众多的随从、物品从维也纳护送到巴黎用马2万匹。可怜的女人！将她送到她的王国需要那么多马，但后来将她从她的王国通过革命圣地送出来时却只用了一匹马。

这次旅行回来后，春天到了，又一位公主在白金汉宫出生，取名为爱丽丝·莫德·玛丽。接着，夏天像往常一样过去了。这个夏天他们比以往喜悦，因为每个新生儿都让这个家庭更加幸福、快乐。

布洛姆菲尔德女士描述了女王一家人在温莎城堡的幸福的家庭生活：孩子们漂亮、快乐、健康和有教养；讲述了一些关于女王和肯特公爵夫人的令人愉快的事情；她偶尔会提及亲切优雅的阿尔伯特亲王。女王陛下使侍女们生活变得非常轻松。她们不再像服侍老夏洛特王后的伯尼小姐那样长时间站着，疲惫地服侍人，也用不着长时间大声朗读。布洛姆菲尔德夫人，也就是乔治亚娜·雷文斯沃思，只是在女王用晚餐时把花束递给女王；她与女王一起乘车外出，一起唱歌。

1843 年夏天，女王和亲王第一次拜访了住在特雷波特附近海边的厄镇城堡的法王和王后。国王和他的几个儿子乘坐王室驳船来迎女王乘坐的快艇。据说，路易·菲利普比较冒失地走到女王跟前，吻了她的两颊，然后亲自把她带到了他的驳船上。

法国王后玛丽·阿梅莉和她的女儿比利时王后路易丝以及她的两个儿媳，站在登陆的地点迎接友好访问的英国君主。女王说，这是一次非常愉快的访问。即便是现在，阅读这次访问的记录也令人非常愉快，但是由于篇幅所限，我就不在这里引用了。一篇关于孀居的奥尔良公爵夫人的短小文章，此刻引起了我的注意：“10点时，亲爱的海伦带着小帕里斯来到我身边，一直待到国王和皇后来接我们共进早餐。”

“小帕里斯”是波旁王朝奥尔良主义者留给现在法兰西共和国的烦恼。他是一个非常乖顺、行为举止得体的“黑色野兽”，总是不被信任、令人害怕。

访问法国后，女王和亲王去布鲁塞尔看望他们的舅舅和舅妈，顺便在比利时旅游了一番。不久，阿尔伯特亲王在写给男爵的信中说：“我们看到舅舅和舅妈身体很好。孩子们茁壮成长。小夏洛特是世间最漂亮的孩子。”这个“小夏洛特”后来嫁给了奥地利的马克西米利安——路易·拿破仑帝国在墨西哥的傀儡皇帝。夏洛特是在那段短暂而动荡不安的时间成为皇后的，后来不幸接踵而至，她就疯掉了。然而，她仍然活在“影子世界”中，那个世界比“死亡的山谷”更让人绝望。

这年春天，苏塞克斯公爵死了。我读到的资料显示，议会再次休会时，女王不再担心自尊容易受到伤害、傲慢的老叔叔，她让丈夫坐到更高一点的位置上。她为他准备了一把和她的宝座一模一样的椅子，放在宝座左边、与宝座同样高的位置上。她的右边的小椅子是为“小伯蒂”准备的，尽管她从未打算使用。

秋天，女王访问了剑桥大学。在这里，女王高兴地目睹了丈夫被授予法学博士学位。于是，他一步步获得了应该属于他的尊贵地位。虽然他不怎么在意，但对于那些非常看重他的文学、艺术、科学品味及学识的英国人来说却非常重要。在一次盛大的狩猎活动中，他无畏的勇气和精湛的骑术为他赢得了荣誉。参与狩猎的人说："他不仅长得帅气，拥有音乐天赋，懂玄学，而且他很有才华，处理事情井井有条。"

我认为，第二年，阿尔伯特亲王的父亲死后，他那样说英国人是不公平的。他悲愤地写信给男爵道："可怜的妈妈，维多利亚和我坐在一起哭泣，但我们周围的人却非常冷漠无情，像石头一样无动于衷。"

我不相信，英国人会对王室的悲伤无动于衷。

阿尔伯特亲王去科堡吊唁。这是女王第一次与他分离，因此女王非常依依不舍。他写给女王的信充满了丈夫对家人的关爱。船启航之前，他写道："我到这里已经一个小时了，我很后悔失去了可能和你一起度过的时间。可怜的孩子！当我写信时，你应该正在准备午餐，你会发现我昨天坐的地方现在是空着的，不过，我希望我在你心里的位置不会是空着的，至少在精神上我觉得你就在我身边。我重申我的恳求，'不要气馁！不要向坏心情屈服，尽量让自己忙起来。'……我为孩子们准备了玩具，为你准备了瓷器。……啊！亲爱的祖国是多么可爱，多么美好啊！我多么想我的贤妻能在我的身边，分享我的快乐啊！”

谈及女王渴望去看看那个古色古香的老地方——草莓山及其所有的珍品时，米特福德小姐说：“女王陛下分享全国的娱乐活动，分享比较有修养的臣民对自然的好奇心，这能够确保女王的人气，而且没有比这更有效的了。”

当然，女王在那些日子并不缺少娱乐和对自然的好奇心。说到“对自然的好奇心”，女王可是夏娃名副其实的女儿，乔治三世的孙女。她不仅对丈夫所热衷的科学发现、新机械的发明和农业技术改良感兴趣，而且对动物和人种感兴趣。她非常高兴地接受了一位年轻的美国船长巴纳姆先生从爪哇岛带给她的礼物——小人国的马，据说这是世界上最小的马，大约 5 岁，只有 27.5 英寸高。船长用一只胳膊夹着这匹马，从舷梯上跑下来。女王很高兴收了礼物，与这个著名的美国年轻人相处得非常愉快。这个年轻人是拇指将军所演的比塞弗勒斯中的亚历山大。这个天生的小矮人经过巴纳姆先生出色的宣传，在伦敦引起了轰动。女王在温莎召见过他几次。于是，他在伦敦红极一时。巴纳姆先生对他们几次去王宫的经历的描述非常有趣。第一次，女王、肯特公爵夫人、阿尔伯特亲王在宏伟的画廊接待了他们。巴纳姆先生写道：“当门被打开时，他们站在房间的最里面。拇指将军走进去，看上去就像一个会走路的蜡制洋娃娃。看到这么奇特的人，王室成员都流露出既惊讶又喜悦的表情。他们没想到他比他们预想的还要矮得多。将军稳健地走上前去，优雅地鞠躬，说：‘女士们，先生们，晚上好！’”

“当拇指将军致敬后，大家都大笑起来。然后女王牵着他的手，带他参观画廊，并问了他很多的问题，他的回答总是让大家笑声不断。拇指将军告诉女王，她的画廊是‘一流发’，并说他希望看到威尔士亲王。女王说他已就寝，但将来一定有机会看到他的。”接着拇指将军唱歌，跳舞，并做了一些模仿动作。他和阿尔伯特亲王及其他人交谈一个小时后，就像他来的时候一样平静地离开了，但没有来时那么悠闲自若。由于出去的过程单调乏味，他连跑带走，这引得女王、亲王及宫女们发出阵阵笑声，就连女王的狮子狗也冲了过来，攻击这个陌生的小美国佬。将军用小拐棍保护自己，像大拇指汤姆[①]拿着母亲的织补针自卫时一样英勇。第二次去王宫时，拇指将军被带去见了威尔士亲王，他吃惊地说道：“你好吗，王子？”然后女王送给他昂贵的纪念品。他每次演出时，女王都会很慷慨地给他黄金作为报酬。太后也非常喜欢他，并送给他一块漂亮的小手表。她叫他“亲爱的小将军”，并把他抱在她的腿上。后来（当这位“已

① 大拇指汤姆出现在英国民间故事中。他还没有爸爸的拇指高。他曾经被奶牛一口吞下，与巨人决斗，受到亚瑟王的喜爱。——译者注

成年”的矮人又长大了一些时），太后发现她已经无法将查理·斯特拉顿先生放在自己的腿上了，他已经为人夫、为人父了。事实上，将军要了点儿骗子的把戏，他看起来要比实际年龄小得多。但他是个非常漂亮又有趣的小骗子，所以这在当时没有任何问题。然而，当后来真相大白时，女王大吃一惊，从而影响了她对美国演员的信任。送给女王的那匹爪哇岛小马驹很有可能“已成年”。惠灵顿公爵从前常去埃及大厅看这个小家伙穿着拿破仑的衣服，表演拿破仑“对滑铁卢战役损失的沉思”。看着拇指将军的表演，惠灵顿公爵仿佛透过反向玻璃看到了他从前的敌人。

小矮人走了之后，来了一个巨人，他就是欧洲个子最高、最伟大的君主——俄国沙皇尼古拉一世。虽然他是乘战舰来的，但他非常友好地拜访了女王，只是停留了短短几个小时。他愉快的访问使朋友们吃惊不已。然而，他还是受到欢迎。他逗留期间，女王热情地尽了地主之谊。他以前来过英国，当时他还年少。那个时候，夏洛特公主、利奥波德王子以及斯托克马男爵在克莱蒙特接待了他。一位宫女用摄政王时期的优美语言恭维了他，引用如下：“他多么和蔼可亲啊！他太英俊了！他是欧洲最英俊的男人。”或许他是吧。不过，他的表情总是很严肃，看起来拒人千里。他的眼睛大而敏锐，睫毛的颜色很淡，经常会看到他眼睛的虹膜周围都是白色的，据说，看起来很吓人。他首先是一名士兵，他告诉女王，穿着晚礼服他觉得很尴尬，仿佛不穿军服就揭掉了他的皮肤一般。从他忽发奇想睡在稻草上可知，他一定是位相当怪异的客人。他经常提着一个皮箱，每到一个地方，都会停下来，从马厩里拿些新稻草装在他的皮箱里。

这位个子很高的沙皇彬彬有礼，同时也是一个非常残酷的人。他是严厉的君主专制制度的缩影：自私冷漠，铁石心肠。他通过赞美女王的丈夫，赢得了女王的欢心。他说："阿尔伯特亲王是人世间最英俊的年轻人，他是如此高贵和善良。"对像尼古拉沙皇这样的男人来说，女王的丈夫总是很神秘，为何尼古拉如此欣赏阿尔伯特亲王纯洁可爱的性格，至今还是一个谜。

Queen Victoria

第十九章 废除谷物法

精彩看点

老家和新家——法国国王到访——女王和阿尔伯特亲王第一次访问德国——旅途中发生的事——怀特岛海边的新家——废除谷物法——阿尔伯特亲王当选为剑桥大学的校长——本杰明·迪斯雷利

1844年，温莎皇室又添新丁。不久，一件令人惋惜的事情发生了，这天早上，阿尔伯特亲王的爱犬厄俄斯死了，女王亲切地称这条灰狗为“亲爱的厄俄斯”。亲王第二天写信给他的祖母说：“失去了厄俄斯，我很悲伤，您一定理解我这种心情。它是一条特别聪明的狗，忠实地跟随了我11年。有那么多美好的回忆都跟它有关。”

这条漂亮优雅的猎犬非常通人性，就好像有智慧和灵魂一样，几次出现在兰西尔[①]的油画中。因此，我情不自禁地讲了一些关于这条狗的事情。现在来讲讲温莎王室的新丁吧。这位8月出生于温莎城堡的王子就是现在的爱丁堡公爵。他受洗时取名为阿尔弗雷德·欧内斯特·阿尔伯特。女王在日记中写道：“教堂里的场景非常庄严肃穆。……看到两个孩子也在那里，我就好像在做梦一样。愿上帝保佑可怜的小家伙们！”女王所说的两个孩

① 埃德温·亨利·兰西尔（1802—1873），英国油画家和雕塑家，擅长画马、狗和鹿。他的狮子雕塑远近闻名。——译者注

阿伯特亲王的爱犬厄俄斯
（埃德温·亨利·兰西尔绘）

子是指长公主和威尔士亲王。女王陛下还说，整个仪式中她都在热切地祈祷，希望这个男孩能“和他亲爱的父亲一样优秀 ”。女王陛下，这个男孩现在怎么样呢？

这年他们又去高地待了几周。女王在日记中写道：“妈妈来和我们告别。爱丽丝和婴儿让人带进来和我们说再见，可怜的小家伙！然后，可爱的伯蒂下楼来看我们，维姬看起来就像个旅行家。大家迫不及待地想出发了。”

“伯蒂”是家人对威尔士亲王的昵称。我相信，在王室成员的内心，他仍然是“好伯蒂”。“维姬”是家人对长公主的昵称。女王还说：“我对阿尔伯特说，我们的孩子和我们一起去旅行，我几乎难以置信，这令我想起我的小时候。”

路易·菲利普来英国回访女王和亲王了。温莎举行了各种盛大的庆祝活动，对法王的友谊多么深厚，对法王的接待多么隆重！我希望诡计多端的老国王回家时会心存感激。过了一段时间，女王随亲王第一次一起去了德国。女王记录了出发那天早上他们和孩子告别时的情景，充满了甜蜜而美好的亲情。“我穿衣服时，维姬和爱丽丝都在我身边。亲爱的小猫咪特别想和我们一起去，她常说，‘为什么不让我去德国啊？’其实我也非常想带她一起去。我特别想带着亲爱的阿尔伯特的一个孩子去科堡，但是她还太小，受不了一路上的舟车劳顿。……当我们乘车离开时，看到 3 个可怜的小家伙站在门口，我非常难过。愿上帝护佑他们！上帝一定会的！”

德国王室在亚琛、科隆以及布鲁赫的王宫里，为英国女王和亲王举行了很隆重、规格很高的欢迎仪式。他们到达王宫时，子夜已经过了。然而，从我掌握的资料来看，他们还得去听“700 名表演者”专门为他们演奏的军事小夜曲。一位德国朋友还给我们讲了这样一个故事，他说，700 名表演者中 500 名是鼓手，还有很多火炬手为他们照明。他们是在女王的窗户底下演奏的，音乐吵醒了刚刚入梦的女王，把她吓坏了。小号嘹亮，鼓声隆隆，咚咚作响的脚步声像暴风雨般袭来，强烈而炫目的火炬“使夜晚变得非常恐怖”，女王或许会觉得世界末日突然来临，野蛮而古老的匈奴王阿提拉率先投入战斗。

第二天，他们沿着莱茵河来到施托尔岑费尔斯宫。或许以前莱茵河的汽船从没载过这么多王室成员，有国王、女王、亲王，还有奥国太子。皇室举行盛大的庆祝活动和宴会时，天气晴好，女王和亲王都非常高兴，但最令他们高兴的是，他们远离了盛大壮观的游行，去科堡与他们的家人一起团聚，维多利亚的母亲、阿尔伯特的哥哥以及一大群亲戚都在焦急地等他们。最后，他们到了迷人的罗森瑙。出于她富有诗意的冲动，女王选择了她丈夫出生的那个房间。她在日记中写道：“当我们醒来时，发现我们就在我的阿尔伯特出生的地方——可爱的罗森瑙，那我们是多么幸福，多么开心啊！罗森瑙是阿尔伯特最爱的地方。和我一起来到这里，他是多么高兴啊。这就像个美丽的梦。”

科堡的纯朴人民，尤其是儿童，随着他们爱戴的亲王及其威严的妻子的来访而感到快乐，当时的场景真是感人至深。他们用鲜花、诗歌和音乐——甜美的赞美诗、欢快的唤醒曲和令人振奋的进行曲来表达他们的敬意。阿尔伯特亲王生日那天，农民们还举行盛大的派对，他们跳华尔兹，大喊大叫，豪饮啤酒，吃烤面包。在维多利亚的一生中，这次访问就是一个田园牧歌式的插曲，纯朴而迷人。然而，维多利亚耀眼的女王人生还得继续。国家责任在召唤着她，因此，看望了哥达的老祖母后他们不得不与家人依依惜别，踏上归途。对阿尔伯特亲王而言，告别老祖母尤其艰难，他好像预感到这是最后一次见到老人家似的。他们在安特卫普登上游艇，接着在厄镇短暂停留，拜访了法国国王和王后。然后，他们很快到达奥斯本宫，他们的家人正在那里等他们。女王写道：“我们乘车直接回到家，受到了热烈的欢迎。4个孩子站在那里，看起来就像盛开的玫瑰一样美丽。他们非常健康，非常强壮；看到我们非常开心。”

啊，回家真好！

这一年，女王一家高兴极了，因为他们在怀特岛拥有了新的滨海宫殿。我相信，他们再也没去过布莱顿宫，因为那里旺季时总是人来人往，他们想保留一点儿私人空间都不可能。女王最后一次去布莱顿皇家会馆时，她和阿尔伯特亲王想在微风徐徐的码头上安静地散散步，但很多人围着他们，而且言行非常粗鲁，女王对此非常不满。我从读过的资料得知，女王还为此要求地方官保护他们。越来越多的布莱顿人和陌生人相互传递着消息，急急忙忙跑过来兴奋地围观女王和亲王，好像城里的人们都在说："女王和亲王外出了，快到码头去！快到码头去！"

布莱顿皇家会馆从来都不是理想的滨海宫殿，因为在那里看不到美丽的海景。因此，除了海风比较大外，女王在怀特岛的新家其他地方都比布莱顿的家要好。奥斯本有广阔的海景，迷人的海滩，一片森林一直延伸到海边。在这片美丽的森林里，他们发现了春天的第一朵紫罗兰，最早回来的是夜莺。令阿尔伯特亲王非常高兴的是，这里有大片肥沃的土地。阿尔伯特亲王不仅热衷于园艺，而且很有天赋。实际上，当这位多才多艺的德国人出生在帝王之家，世界上因此少了一个风景园林大师。这里所说的世界指的是温莎、奥斯本和巴尔莫勒尔之外的世界。这些地方真的"使他的记忆长青"。女王从奥斯本写信说："阿尔伯特在这里非常高兴，整天都在户外耕作、种植。对他来说，这可真好。远离伦敦的那些人为制造的痛苦，实在令人宽慰。"因为我写的这本书不是阿尔伯特亲王的传记，所以我常常忘记描述他的这些才能。

1846年，最重要的一件事是废除谷物法。这项措施公正仁慈，从此，谷物税带给人们的痛苦、造成的混乱终结了。一些暴民毁坏了那些旧法案支持者的家。他们甚至用石头砸阿普利斯宫的窗户，阿普利斯宫是惠灵顿公爵的官邸。虽然这个坚定的老斗士当时用大炮清理街道时一定很兴奋，但他只能在破窗户上安装百叶窗来遮羞。我相信，在他有生之年，这些窗户再也没有打开过。号召废除谷物法的领袖是科布登先生和布赖特先生。这些善良的人们不忍听到苦难人民的呼声。食物匮乏使英格兰人陷入困苦的境地，而爱尔兰人都在忍饥挨饿。自然灾害甚至严重破坏了爱尔兰人第二主食土豆的种植。几年后，绝大部分土豆歉收。消息传到了美国，引起了我国人民的怜悯。我们派出神圣的舰队运来大量面包、玉米、豆类和土豆，对抗正在毁掉绿岛的残酷的"敌人"。根据记载，"在一座爱尔兰的海港城，为了庆祝一艘满载粮食的船只到港，所有的钟响了一整天。"我想，对于可怜的人们来说，这些钟声听起来比王室成员生日时的钟声更加悦耳动听。

非常奇怪的是，虽然首相任期永久化的措施通过了，罗伯特·皮尔爵士却被驱逐下台。女王非常遗憾地与他告别，然后平静地接受了他的继任者约翰·罗素勋爵。

维多利亚与阿尔伯特结婚已经6年了，他们的家庭成员也增加至6人，并很快又添新丁。5月，海伦娜·奥古斯塔·维多利亚公主出生了。她的教母是孀居的奥尔良公爵夫人海伦。奥尔良公爵夫人是勇敢而年轻的巴黎伯爵和沙特尔公爵的母亲，在美国内战期间他们效力于麦克莱伦将军麾下。

这段时间，阿尔伯特亲王应邀去了利物浦为一个华丽的码头揭幕，该码头是以他的名字命名的，他非常优雅地完成了任务。第二天，他参加了海员之家的奠基仪式，而且第一块奠基石是他亲自安放的。这次女王不能与他同行。女王写信给斯托克马男爵说："亲爱的丈夫不在时，我感到非常孤独，尽管我知道人们常常与亲人离别，可是我好像永远都无法适应这种别离。……他不在身边时，一切都变得索然无味。即使我们分别两日，但我还是觉得痛彻心扉。我向上帝祈祷，不要让他死在我的前头。只要能看见他、爱他，我就觉得无上光荣。"

9月，他们去了滨海新宫——奥斯本宫。第一天晚上，他们在这座富丽堂皇的宫殿里庆祝乔迁之喜，亲王很郑重地唱了路德赞美诗，德国人在这种场合总是唱这首赞美诗。译文如下：

无论外出，还是归乡，
上帝保佑我们一路平安；
上帝保佑我们食物充足，

奥尔良公爵夫人海伦与其子巴黎伯爵
（弗朗茨·克萨维尔·温特哈尔特绘）

保佑我们的事业一帆风顺；
他用死亡唤醒我们维护和平，
他的救赎使我们成为他的后继者。

尽管英国面临政治困境，麻烦不断，但他们还是非常幸福。与当时生活非常困苦的爱尔兰人相比，简直可以说他们幸福极了。毫无疑问，听到孩子饥饿中的哀号、饱受病痛折磨的母亲们的呻吟，女王与亲王柔软的心都碎了，但灾难如此深重，受灾面积如此广大，显然是他们无能为力的，他们只得尽量去想其他方面的事情，来分散自己的注意力。因此，他们的生活还是很幸福的，享受着田园生活的安宁、纯朴和快乐。布洛姆菲尔德夫人写道："看到孩子们能逗女王和亲王开心，我非常高兴。在英国，人们常常看起来忧郁烦闷。"然而，有件事的确让他"非常烦闷"，那就是骑马——"为了骑马而骑马"。于是，过了一段时间后，女王不再热衷于她最喜欢的消遣方式了，这不足为奇。可是她依然喜欢时不时地跳跳舞，但也不像基佐描写他第一次看到女王跳舞时那么快乐了。他在温莎写信给他的儿子，描述了皇室晚宴的情景。"昨天还有人想要暗杀女王。而此时，年轻的女王就坐在我左边，她兴致很高，滔滔不绝地与大家聊天，不时大笑起来。所有人都被她的快乐所感染。这与她人生中的悲剧性因素形成了鲜明对比。这座古老的城堡见证了她所有的前任们的事业。”

考验和困扰女王和亲王的政治事件不是仅仅发生在英国。“西班牙联姻”事件中，路易·菲利普卑鄙的阴谋与背信弃义使他们既不安又震惊。该事件复杂而微妙，但在此我没有必要也不想细述。这件事对奥尔良家族乃至对法国历史产生了灾难性的影响。我现在对女王处理该事件的方式很感兴趣，因为女王的信件揭示了王室的崇高精神和强烈的皇家荣誉感。无论是从政治角度还是家庭的角度，她都对西班牙年轻女王没有感情基础的婚姻感到遗憾。她看到可怜的伊莎拉贝被逼迫或者被哄骗进了这个令人不愉快的婚姻，从而注定了她的不幸以及比不幸还要糟糕的结果。该事件的确造成了很多不幸的政治后果，也造成了那些与之相关的人的不幸。

1847年春，阿尔伯特亲王被选为剑桥大学校长，对于像他这么年轻的人来说，这是极大的荣誉。女王出席了仪式，美好地度过了一段时光。英国著名诗人华兹华斯①还为此写了一首颂歌，尽管这首颂歌不能与他的“永生颂”相提并论。事实上，华兹华斯先生并没有其他桂冠诗人那样光彩照人，比如更擅长赚钱的丁尼生②先生。

女王坐在三一学院大厅的宝座上，接见了新校长，

① 华兹华斯（1770—1850），英国浪漫主义诗人。他是文艺复兴运动以来最重要的英语诗人之一。——译者注

② 丁尼生（1809—1892），英国维多利亚时代最受欢迎及最具特色的诗人。其代表作品为《悼念》《拍岸曲》《公主》等。——译者注

他穿着黑色和金色的长袍，长长的长袍下摆由两位军官托着。他宣读了演讲稿，女王也读了自己的演讲稿作为答复。她说，总的来说，她同意大学的选择。女王写道："听到我心爱的阿尔伯特宣读演讲稿时，我是多么激动。他带领大学的代表们走进来，他穿着长袍，看起来很可爱，很帅。"

快乐的女人啊！在通常情况下，当普通人的丈夫向他们的妻子做冗长而严肃的演讲时，他们看起来往往不会"很可爱，很帅"。

这一年，一位新女主角在伦敦引起了轰动，带给女王和亲王"精致的享受"。女王写道："她的表演值得一看，她以钢琴的方式唱歌。拉布拉什说，这是他从未听过的。他都听得入迷了。她的歌唱和表演中有一种难以形容的纯洁。"

这位歌手就是珍妮·林德。

大约就在这个时候，喜欢激情演讲的人感到非常欢喜，因为突然出现了一位杰出的政治演说家，他才华横溢，意志坚定。这种欢喜就如同"一颗新彗星出现时"天文学家所感到的那种欢喜。这位希伯来年轻人，衣着光鲜时髦，没有任何严肃的生活目标，女王和亲王起初似乎对他并不感兴趣。但是后来，作为大臣和朋友，他赢得了女王的尊敬，他的位置几乎与墨尔本勋爵曾经的位置不相上下。这位演说家就是本杰明·迪斯雷利。

华兹华斯（本杰明·海登绘）

丁尼生（英国摄影师茱莉娅·玛格丽特·卡梅伦摄）

珍妮·林德（1820—1887），19 世纪瑞典歌剧表演艺术家，欧洲著名的女高音歌唱家，被誉为“瑞典夜莺”

珍妮·林德正在表演
歌剧《梦游病之女》

第二十章 1848年革命

精彩看点

动荡不安的时代——路易·菲利普流亡——购买巴尔莫勒尔堡——阿尔伯特亲王的来信——暗杀女王——女王对女儿们的家庭女教师的指示——访问爱尔兰——孀居的阿德莱德太后——阿德莱德太后之死

1848年终于来到了。这年，政治动乱和颠覆活动频仍。革命蓬勃发展，几乎推翻了欧洲所有的君主。地平线上袭来的革命风暴影响着英国。在米切尔、马尔和奥布莱恩领导的“年轻的爱尔兰”党的号召下，爱尔兰爆发了间歇性的反抗运动。这次勇敢的小规模起义很快就被镇压下去了。领导人虽是阳刚、雄辩和热情高涨的年轻人，但是他们的追随者不愿意长期战斗，或许是因为他们饥饿难耐。宪章主义者再次蠢蠢欲动，重申他们或合理或叛国的要求，但一切都是徒劳的。英国确实强大、稳固和坚不可摧。当法国君主在那个严冬的“地震”中倒下，共和国取而代之后，接着更多王国覆灭；巨大的革命浪潮确立了新的统治形式，这无疑会深深地影响英国。然而，却没有。忠于君主和宪法自由的旧城墙太坚固了。目前，只有几个流浪者“漂浮”着，他们中一位是自称“约翰·史密斯”的“船失事后孤立无助的兄弟”，另一位是可怜的、满头白发的心碎的妇人“史密斯太太”。当他们上岸后，人们发现他们是法国的路易·菲利普和玛丽·艾米丽。后来，他们在暴风雨中被打散的大部分家人也上岸了，和他们一起开始了漫长的流亡生涯。国王和王后在英国的避难所是克莱蒙特，这是个爱与悲伤交织的避难所。虽然女王非常喜欢克莱蒙特，但她立刻就让她不幸的老朋友入住这里。她满是同情地接待了老朋友，淡忘了几年前这位诡计多端的国王及其野心勃勃的儿子给她带来的所有不快。

在那时的亢奋和焦虑之中，一个温柔、友爱、厌世的老人在哥达走完了人生旅程，一个聪慧的新生命降生于伦敦。亲王的老祖母在腓特烈斯塔尔宫去世了。就在此时，亲王的女儿路易·卡洛琳·艾伯塔，也就是现在的洛恩侯爵夫人，出生在白金汉宫。

在德国，女王同母异父的哥哥莱宁根王子，姐夫霍恩洛厄王子也在革命中倒台。毋庸置疑，革命就在离英国不远的地方发生了，而且一度离英国很近，威胁女王的统治了。因为那年春天，宪章主义者进行了，准确地说，是宣布了他们伟大的示威游行计划。根据计划，他们将在一个特定的地点集合，然后开始游行。几十万人聚在一起，向国会请愿。这么多人的团体会在首都做出什么出格的事情，谁也说不准。为了不让女王受到伤害，女王和路易一起被送到奥斯本宫。17万名男性自发加入了特别警察，路易·拿破仑也在其中。拿破仑渴望与英国结盟。但是几年之后，他才得偿所愿。然而，最终并没有发生冲突，实际上，没有大规模的队伍；宪章主义者大多数是良民，递交了请愿书后他们就平静地散开，各自回家了。于是，巨大的恐惧结束了。那些特别警察就像滑铁卢战役之后惠灵顿的军队一样自豪。

当宪章主义者的领袖因煽动叛乱被判监禁，爱尔兰领导人被流放后，英国看起来风平浪静了。这时，年轻的法国王子再次回到法国，试图碰碰运气。这是他的第三次努力。路易·菲利普统治时期他曾努力过几次，企图挑起内乱，将平民国王从宝座上拉下来，但最终均以被判处监禁和遭到嘲笑而告终。但现在他似乎决定不再玩拿破仑式的游戏了。他打算认同共和党人的想法，然后竞选总统。他这样做了，而且还获胜了。然而，当初作为马戏团的乡下人，他穿着乡村演出服，笨拙地骑在马上，有时脱掉服装，成为一个闪闪发光的英雄和骑手王子，给人们带来了多少欢乐啊。现在“拿破仑的这个侄子”脱掉“伪装”，摇身一变成了共和党总统，但他却披着全套铠甲，俨然是一个武士皇帝。

这年9月，女王和亲王首先参观了他们在高地新购买的一处产业。亲王写道：“我们暂时撤进山区一个非常僻静的地方。那里人迹罕至，积雪覆盖着山顶，野鹿偷偷地来到房子周围。我很淘气，因此，我偷偷地跟在不会造成伤害的雄鹿后边。今天我射杀了两只红鹿。”……“城堡是用花岗岩建成的，有许多小炮塔。城堡坐落在

路易·拿破仑一直在为恢复拿破仑帝国而奋斗，但均以失败告终。1836年，路易·拿破仑领导的斯特拉斯堡行动就是其中一次

1848 年的路易 · 拿破仑。1848 年，法国爆发革命，法王路易 · 菲利普流亡英国，路易 · 拿破仑终于时来运转

法兰西第二共和国建立，路易·拿破仑当选为总统。至此，拿破仑终于夺回了政权。图为法国人在庆祝共和国建立

一个高地上，靠近迪河，四周是桦树。空气非常清新怡人，但清冷极了。”

他们应该感到宽慰的是，他们远离了流亡的王族、皇帝和大公爵等“不速之客”。

1849 年 3 月，亲王为布罗克尔斯比的格里姆斯比码头奠基，并发表了热情四溢的演说。在此，我想全文引用他在布罗克尔斯比亚伯勒勋爵的府邸写给女王的一封迷人的短信。内容如下：

> 你忠实的丈夫，依照你的意愿，向你汇报：一、他还活着；二、他在林肯大教堂发现了北极，但是没有找到罗斯上校或约翰·富兰克林爵士；三、他到达了布罗克尔斯比，并收到地址；四、他随后骑马回到家，满身是雪，鼻子上还挂着冰柱；五、信使正等着带走他的信，信将在早上送到温莎；六、最后，但也是最重要的，他爱他的妻子，永远是她忠实的丈夫。

我们可以相信，善良的妻子收到这封短信时一定非常快乐，她一定会给她最要好的朋友读这封信。

几个月后，当女王和她的孩子们乘着一辆敞篷马车驶过刺客出没的宪法山时，一个疯狂的爱尔兰人威廉·汉密尔顿朝她开了枪。但她一刻也没有失去良好的自制力。

她命令马车继续前进，并平静地说了几句话来安抚恐惧的孩子们。

我们已经看到，牛津行刺女王时，女王只是“付诸一笑”，但是现在，既然已经有这么多次枪击事件了，“这件事”就变得单调乏味了，当威廉·汉密尔顿被判流放7年时，女王再也没有干预。然而，这并不是最后一起行刺女王的事件。1872年，芬尼亚会的一个成员试图刺杀孀居的君主。我们都知道，令人震惊的是，两年前竟然有人试图在温莎城堡刺杀女王。事实上，在欧洲，女王陛下是王室成员中最引人注目的刺杀目标。不过，“刺客先生们”对女士并不是很“殷勤”。

这段时间，亲王忙着各种工作。他最喜欢的是规划和耕种奥斯本宫和巴尔莫勒尔堡的土地。他创立多所艺术和音乐学校，还推进慈善事业、科学事业的发展。这个非凡的人似乎对早期公共设施改进的价值和最终成功有先见之明，当他采用了一种方案时，什么都不会让他气馁。他筹建了霍尔本高架桥，我还注意到海峡隧道公司召开后期会议时，沃特金爵士声称，“这一事业曾是伟大的亲王——本世纪最睿智的人所倡导的。”

工作占用了亲王大部分时间，他发现他忽略了孩子们的教育。威尔士亲王现在已经大了，应该请老师来教导他了，最后他们选中了伯奇先生（我们希望这个名字并不重要），“一位相貌英俊、和蔼可亲的年轻人”。

威尔士亲王长大了（弗朗茨·克萨维尔·温特哈尔特绘）

他曾“获得剑桥大学的最高荣誉”——毫无疑问，作为一个8岁男孩的老师，剑桥的最高荣誉是比较重要的标准。尽管他的老师知识渊博，才华出众，但是据说，威尔士亲王并不热爱学习，他不想浪费精力，也不想因熬夜学习让他讨人喜欢的蓝眼睛变得黯淡。

阿尔伯特亲王从未把孩子们的教育完全交给他们成就很高的老师们。他在世时，仍然指导他们、教育他们。女王同样不折不扣地履行了对子女，尤其是对女儿的义务。在她的备忘录中，我找到了许多令人钦佩的段落，这些段落揭示了她独特、简单、温馨、充满亲情的家庭管理制度。她把孩子们的宗教训练尽可能地掌握在自己手中，但处理国事和接待来宾的责任会干扰她对孩子们的训练。1844年，写到长公主时她说：“国事缠身，我深受影响；当她祈祷时，我在履行自己的责任，所以我无法陪她一起祈祷。”

她给长公主的家庭女教师的一些指示可以说是字字珠玑：

> 我很清楚，应该教导她敬畏上帝和宗教，使她懂得奉献和爱。我们的天父鼓励他在人世间的孩子要爱他，而不是充满恐惧和战栗；不应该从惊人、可怕的视角来表述死亡和来生的思想；应该使她知道，不同的教派之间信仰是

没有区别的，不要认为她只能跪着祈祷，或者
那些祈祷时不下跪的人就没有热情或不虔诚。

这年8月，女王和亲王乘坐他们最喜欢的游艇——“维多利亚”号和“阿尔伯特”号，带着他们的3个大孩子前往爱尔兰，向爱尔兰人表明他们的君主并没有因为他们最近的一场叛乱而对他们失去信心。女王认为，叛乱一半是由教皇制度引起的，另外一半是由腐烂的土豆引起的。爱尔兰人证明她的这种观点是正确的。王室成员首先在科克海湾登陆；之后，登陆之地就被称为“女王镇”。他们在那里受到热情的接待，接着在都柏林也受到热情接待，尽管都柏林最近不满英格兰的统治。老百姓特别喜欢孩子们，一个“胖老太婆”喊道：“哦，女王，亲爱的，让这些可爱的孩子中的一个成为帕特里克[①]吧，所有爱尔兰都愿为你们而死！”后来他们得到了他们的“帕特里克”——小康诺特公爵，但我担心没有人愿意为英国女王而死。也许他来得太晚了。

这次爱尔兰之行，女王通过安抚，表达了让威尔士亲王成为都柏林伯爵的意图，或许她这样做了，但芬尼共和主义仍然在爱尔兰蓬勃发展起来。

从贝尔法斯特到瑞安湖的路非常颠簸，因此，后来法国皇帝称维多利亚为“海洋女王”。她记录道：“可

① 即圣帕特里克，传说为爱尔兰的守护神。——译者注

怜的小阿尔弗雷德被撞倒了，从甲板上滚下船，浑身都湿透了。”可怜的小家伙，爱丁堡公爵阿尔弗雷德王子，他们家族勇敢的水手，当时可能会说他“永远……永远不会做水手”。

阿尔伯特亲王30岁生日那天在巴尔莫勒尔堡写了一封信。他在信中写道：“维多利亚幸福快乐，孩子们都很健康，并且长得很快，高地真是好极了。”

我不知道这一事实与女王陛下偏爱苏格兰有什么关系，但她出生的地方离苏格兰很近。在她出生之前，肯特公爵曾提出去拉纳克郡一个朋友的房子住。如果他真的这样做了，他的女儿就是一个高地姑娘了。我认为女王会欣然赞同，因为她曾对阿奇博尔德·艾利森爵士说：“我是苏格兰血统，我骄傲。当我第一次来到苏格兰时，我感觉我好像回家了。”

入住巴尔莫勒尔堡时，家的感觉与日俱增。女王迫不及待地寻找她出生的那个山间寓所[①]，后悔离开了那里。她最喜欢那里的户外生活——爬山、猎鹿、攀登、过蜿蜒的溪流、在微风徐徐的山脚下野餐；她喜欢逃离王室黑暗的紫色阴影，依偎在明亮的紫色石楠丛中；她喜欢去野外探险，隐姓埋名地生活在纯朴的农民中间；有时她甚至想变得像农民那样朴素自然，和她“亲爱的

---

① 山间寓所指的是维多利亚女王的出生地，离苏格兰很近。巴尔莫勒尔堡在苏格兰，所以女王在巴尔莫勒尔堡有回家的感觉。——译者注

丈夫”一起甜蜜地生活，就像年轻的女主人安德森和她的“乔·约翰”一样。她似乎很享受巴尔莫勒尔堡的气候。有人告诉我，她喜欢在风雨中散步，只有一块厚厚的防水油布遮最后遮着她的头；她最喜欢在暴风雪中驾车。从苏格兰回来后，女王准备在伦敦建立新的煤炭交易所，但被一种怪病——水痘给耽搁了。阿尔伯特亲王走进她的房间，带走了长公主和威尔士亲王。利特尔顿夫人写道：“他的行为举止非常优雅。”有一大群人都在为她加油，对孩子们亲切地微笑。一位人高马大的官员，披着一件大大的斗篷，头戴假发，嗓门很大，对小阿尔伯特·爱德华发表一番言辞浮夸的演说。他俯视着小王子，称呼他为“王子殿下，国王世家的誓言与承诺”。利特尔顿夫人补充道：“可怜的小王子似乎没有理解他的意思。”

这件事后不久，一个非常显要的人物走到了生命的尽头。年迈的孀居太后阿德莱德生了一场漫长而痛苦的病后薨逝了。她的一生都过得很好，是个温和、友善、仁慈而有耐心的女人。女王和亲王为此深感悲痛。女王写道：“她对我们以及我们的孩子都非常慈爱。……可怜的母亲因为这件事情很伤心。对她来说，太后过世是一个巨大而严重的损失。”

阿德莱德太后留下遗言，说她的葬礼应该尽可能保持私密性，她的棺材应该由水手抬着——这是对她的亡夫水手国王的纪念。

我从一位有机会接触王室成员私人历史的英国绅士那里了解到一则关于这个好女人和贤妻的轶事。克莱伦斯公爵夫人做过一件事，这比她后来当王后更荣耀。当她结婚时，她知道，公爵与美丽的女演员乔丹夫人的左手婚姻[①]众所周知，尽管后来他们分开了。公爵带他的新娘到他的住所布希公园度蜜月。当他礼貌地带她到她的房间时，她发现房间很雅致，这令她非常高兴。但是她很快就被挂在壁炉上方的一张照片迷住了，照片上是一个非常可爱的女人。她问道："那是谁呀？"可怜的公爵顿时惊呆了，但他至少有说真话的王者气度，就结结巴巴地说："我亲爱的阿德莱德，这是乔丹夫人的一幅画像。我恳请你原谅我把它放在这里。我已经下令把它搬走，可是那些愚蠢的仆人忘记搬走了。我会立刻让人搬走，只是请你原谅我。"

公爵夫人拉着丈夫的手说："不，我亲爱的威廉，你不能这样做！我知道乔丹夫人和你过去的关系，知道你爱她，她是你孩子的母亲，我希望你把她的画像就留在那里。"因此，这幅肖像画到现在仍然挂在那里。她的做法非常高贵，也很大度。但我禁不住想，公爵夫人可能不是很爱公爵。

---

① 左手婚姻（left-hand marriage），即贵庶通婚（a morganatic marriage），两个社会地位不平等的人之间的婚姻。举行婚礼时，新郎用左手握住新娘的左手，而不是右手。——译者注

晚年的阿德莱德王后
（乔治·里士满绘）

Queen Victoria

第二十一章 世界博览会

精彩看点

世界博览会——康诺特公爵诞生——罗伯特·皮尔爵士之死——路易·菲利普去世——阿尔伯特亲王在“国外传播福音协会”发表演说

1850年年初，阿尔伯特亲王虽然身体状况不如以前，但他非常热切地开始了“世界博览会”的繁重工作。他为之投入的聪明才智和实干精神无人能及。然而，他还是遭到保守派的强烈反对。保守派从一开始就反对一切新思想和创新，就像从即将到来的光明中退缩回来的猫头鹰一样。虽然这个胆小的派别承认这种思想的伟大，但却担心它还不成熟。“时机还不成熟，”他们说，“再等上一两个世纪吧。”一些人反对它的理由是，届时会有大批外国人涌进伦敦，而这些外国人以及他们的思想会给英国的道德和宗教带来危险。

在英国某个广大的乡村花园里，有一座避暑别墅的大门紧闭，如果好奇的游客把门打开，就会被喷上一身水。因为“新奇计划”，很多人都给亲王泼冷水。但是他坚持不懈，任何阻碍都无法令他退却。他日夜操劳，同时激励大家努力工作，直到他选的建筑地点终于获准开工，于是第一座水晶宫——属于英国人民的第一座宫殿——就在阳光灿烂的海德公园拔地而起。这座奇妙的建筑存在的时间是短暂的，就像注定很快就会消逝的“海市蜃楼”一样。尽管亲王很少提及这座建筑，但对他而言，它是最伟大的“纪念碑”。对于富有诗意而讲求实际的亲王来说，它是一座工业和艺术的世界性殿堂，商业英雄的瓦尔哈拉神殿[①]，科学之神的庙宇，世界的商队旅馆。它把地球的两端连接在一起，长期疏远的人类兄弟能坐在一起愉快地交流。这是一座顺利竣工、配备齐全的现代巴别塔[②]，不同的语言在这里交融，却没有混乱。这里有“野蛮的土耳其人”，好战的俄国人，雇佣兵瑞士人，热情的意大利人，性感的西班牙人，勇敢的法国人，以及先知先觉的英国人。这些英国人发现他们去那里时不必全副武装，不必将他们的贵重物品以及妻女关在家里保护起来。事实上，这一变成现实的美丽的梦，这一功绩卓著的事实，史无前例地加快了商业发展，催生了发明天才，拓展了工业领域，激发了大众对知识的热情。

我们言归正传，继续叙述女王家庭发生的事。1850年5月1日，阿尔伯特亲王写信给科堡的继母，告诉她一个好消息：“今天早上，在过了一个不安宁的夜晚（恰

---

① 瓦尔哈拉神殿（valhalla of the heroes）是一座纪念历史名人的著名神殿，坐落在德国巴伐利亚州雷根斯堡以东的多瑙河畔。瓦尔哈拉神殿也可译作“英雄祠”。——译者注

② 巴别塔（Babel）又译“巴贝尔塔”“巴比伦塔”或“通天塔”。《圣经》记载，人类联合起来要建一座能通往天堂的高塔。于是上帝让人类说不同的语言，使人类无法沟通，建塔计划因此失败。——译者注

当地说，是一个瓦尔普吉斯之夜[①]）后，当巫婆们在布罗肯山顶恩斯特·奥古斯都的温和权杖下狂欢时，一个小男孩在晨曦中出世了，他的姐妹为他的诞生欢呼雀跃。她们大喊着‘现在我们是7个兄弟姐妹了！’对第7个孩子而言，他要好好努力，成为有教养、有礼貌的孩子。维多利亚和孩子母子平安。”

这位王子名叫亚瑟·威廉·帕特里克·阿尔伯特。第1个名字是为了纪念惠灵顿公爵，这个男孩出生时他整整81岁；威廉是为了纪念普鲁士王子，也就是现在的德国皇帝；帕特里克是为了纪念爱尔兰，特别是那个都柏林的“胖老太太”。

这一年，女王和英国失去了一位伟大的有价值的朋友——罗伯特·皮尔爵士，他从马背上摔下来后死了。英国有很多人都为失去这个极其高贵的人痛哭流涕。他的儿子继承了他准男爵的头衔。据说他拒绝比这更高的头衔。他在遗嘱中说，希望他的儿子们不要因为他为国家所做的贡献而接受头衔。他的这种做法是很伟大的。他死后，他的妻子为拥有他的名字而感到骄傲，因此拒绝了一个向她求婚的贵族。对一个英国女人而言，妻子的做法是一件更伟大的事情。

---

① 瓦尔普吉斯之夜（Walpurgis night），也就是魔鬼狂欢节。瑞典的传统节日之一。据说，在这个晚上，魔鬼们和女巫们在布罗肯山（Blocksberg）山顶举行狂欢节。——译者注

不久之后，法国前国王路易·菲利普死于克莱蒙特。麦卡锡非常简明地总结了他的性格：“这个聪明但不明智，伟大却卑鄙的老头。”当路易·菲利普还是富人和国王时，他的卑鄙在于他的唯利是图和诡计多端；当他贫穷潦倒和流亡时，他的伟大在于他的勇气和快乐。

王室成员再次访问了爱丁堡，并在荷里路德宫停留了一段时间。荷里路德宫古老而朴素，留下了可怜的玛丽·斯图亚特悲伤而甜蜜的记忆。这里好像弥漫着一种私人气氛，似乎她刚刚带着4个小玛丽出去散步或者骑马了，她们不久就会一边大笑一边说着法语走进来，看起来依旧美丽。那时，维多利亚女王对倒霉的苏格兰女王很感兴趣。她对阿奇博尔德·艾利森爵士说：“虽然我和伊丽莎白没有丝毫关系，但是我很高兴我是玛丽的后裔。”

从爱丁堡到巴尔莫勒尔堡的途中，亲王写道：“我们努力在山区的宁静和肃穆中净化我们的心灵。”

女王的内心特别需要安慰，因为她担心她最亲爱的朋友，她的舅妈，比利时王后，不久薨逝。女王深深地为这位可爱而有天赋的女人哀伤；正如斯托克马男爵所言，她拥有“天使般的灵魂”。

1851年4月29日，女王对世界博览会进行了一次私人访问。之后，她写道：“我们待了两个半小时，我回来时很惨，我被眼前琳琅满目、令人眼花缭乱的漂亮东西搞糊涂了。经过这么长时间的努力，我们的人民建成了水晶宫，他们的品位是多么高雅啊。博览会多么盛大，这一切都归功于阿尔伯特！”

5月1日，小亚瑟诞生一周年了。这天博览会也开幕了。当王子们和人民涌进了那座巨大的水晶宫时，“和平之盛会”开始了。

女王描述当时情景的日记中流露着骄傲、喜悦和感激之情。其中一段的结尾写道：“愿上帝保佑我最亲爱的阿尔伯特！愿上帝保佑我最亲爱的国家，它今天表现得如此伟大！人们对伟大的上帝心存感激，因为他保佑所有的人。”

女王陛下写道，当他们驶过公园时，里面的场景是：马车数不胜数，人山人海，士兵成群结队，四处奏着音乐，看起来乱哄哄的。人们是那么快乐，那么兴奋。这让她想起了加冕日。当她走进那座巨大的玻璃房子时，玻璃房子上面飘着各国的国旗，里面待着各国的代表。当这座神奇建筑的设计者领着她走到中央位置时，他们牵着孩子站在各色人等混杂的一大群人面前。就在这时，人们用各自的语言欢呼起来。一听到她的名字，维多利亚就意识到这是她作为君主、妻子和母亲的真正的“加冕典礼”。

盛大的日子过去后不久，阿尔伯特亲王在“国外传播福音协会”的一次大型会议上发表了非常精彩的演讲。当时，伦敦有成群结队的外国人，这个协会认为他们必

水晶宫建立起来了，
世界博览会开幕在即

世界博览会开幕了，
水晶宫外好不热闹

世界博览会开幕，维
多利亚女王亲临现场

水晶宫内部，世界博览会上
许多国家和地区的展品在列

须及时撒网。约翰·罗素勋爵写信祝贺女王，他与那些异教徒一样很高兴演讲大获成功。女王的回答很有特点。她说，她非常“确信亲王会说正确的话，完全相信他的机智和判断力”。她还补充道，虽然这样说好像显得不够谦虚（但女人为什么应该对丈夫的优点谦虚），但她认为约翰勋爵会明白，亲王具有超群的指挥能力。她为做他的妻子而感到自豪，因此她不能不向他的高贵人格致敬。

啊，所有的英国丈夫都应该敬服这位高贵的女士，因为她树立了一个妻子对丈夫的信任、自豪和忠诚的无与伦比的榜样。不过，如果他们以女王为例向他们的妻子说教，却忘记亲王同样应该是他们的榜样的话，那就太令人遗憾了。

第二十二章 见证议会休会

精彩看点

世界展览会闭幕——拉约什·科苏特——拿破仑三世——我第一次去英国——库格王公之女古拉迈公主——议会休会的描写

10月中旬，一个阴云密布的雨天，展览会结束了。闭幕式非常庄严感人。它持续的时间并没有长到令人厌倦。女王、亲王和他们的孩子似乎对博览会乐此不疲，他们发现，对游客，特别是那些淳朴的乡下人来说，水晶宫非常吸引人，尽管有时他们会因看不到那些身着盛装的王公贵族而感到失望。

我记得女王参观水晶宫的一个小故事。美国制造的产品中有一些很好的肥皂，其中有一个小头像，是用白色橄榄香皂做成的，但看起来就像大理石。小头像是用肥皂刻出来的，女王对这种说法持怀疑态度。女王一冲动，就想用她的披肩别针来检测一下。但美国的参展商请她住手，并礼貌地道歉道："请原谅，陛下，这是华盛顿的头像！"

亲王和王子们回家后不久，一个男子来到伦敦，他的英雄主义情怀和口才激动人心。他向人们灌输的思想比任何一个活着的君主都多。尽管他受到不少人热烈欢迎，但王室并没有授予他荣誉。他被上层社会看作是一个孤独的人，一个不成功的冒险者，所以他转头望着即将西沉的太阳，悲伤的眼睛中流露着最后的希望。唉，他自己的政治太阳已经落山了！

这个人就是拉约什·科苏特。几乎在同一时间，另一个男子，既没有英雄主义，也没有口才，却有超人的胆量，他在巴黎发动了政变。他引爆了一个“秘密水雷”，“炸毁”了共和国，然后登上了帝王的宝座。当然，这位成功的冒险家就是路易·拿破仑。

我发现，英国政府没有特别关注过这个穷困潦倒、不切实际的法兰西共和国总统。然而，“皇帝”是一个更威风的头衔，即使这个头衔就像是被一个政治魔术师趁人们眨眼的工夫夺走的。你不得不承认，这个“头衔”尊贵至极，而获得它需要付出血的代价。于是，英国承认了拿破仑三世，最后他得到了所有大国——无论是君主制国家还是共和制国家——的承认。不过，有一段时间，各国对新皇帝的态度仍然是谨慎的、冷淡的，这使拿破仑三世很不高兴，因为所有欧洲大国的元首都不愿意与他平起平坐，不愿意称他为“我的兄弟”。他似乎非常在意这件事。在他庄严地宣告，他的帝国建立是为了捍卫和平而不是为了发动战争后，英国女王友好地伸出了她的小手，坦诚地说：“我的兄弟。”随后，普鲁士国王和奥地利皇帝效仿了她。只有俄国沙皇将戴着手套的手放在背后，皱起眉头。路易·拿破仑对此难以释怀，“铭

拉约什·科苏特（1802—1894），匈牙利律师、记者和政治家。1848—1849 年匈牙利革命期间，他担任匈牙利元首

记在心”，因此，几年后，他就派兵攻打克里米亚半岛了。

我从女王和亲王 1852 年写于奥斯本宫的书信中发现了两条迷人的记录。女王先是说她快乐而平静地过了生日，然后补充道：“我觉得，面对这么浓的爱、忠诚和幸福，我永远感激不尽。我亲爱的阿尔伯特非常善良，非常出色，他送给我好多礼物。妈妈对我也非常好，孩子们尽一切所能使我高兴。”

这位亲爱的母亲、亲爱的外祖母永远不会忘记家人们的生日，家人们也永远不会忘记她，这多么令人感动。

阿尔伯特亲王写信给孀居的萨克森－科堡公爵夫人说：“孩子们都很健康。他们长得很快，每天都会习得新的美德，学会新的淘气方式。我们努力保留美德，摒弃淘气。”

对本书的作者来说，这是非常难忘的一年，因为我第一次来到英国，第一次游览伦敦，见到查尔斯·狄更斯，参观了威斯敏斯特大教堂，看到惠灵顿公爵、温莎城堡和维多利亚女王。

我给卡莱尔伯爵带来了一封信，信是他的一位美国朋友写的，他的这位朋友颇受人尊敬。为了向我表达谢意，这位功绩卓著、和蔼亲切的贵族慷慨地送给我许多礼物，其中包括女王陛下赐他的一张票。这是女王在上议院的贵族夫人旁听席上预订的一张票。凭着这张票我见证了议会的休会。当时的景象是很美好的，我写了下来。

我相信，即使现在我引用其中一部分，我也会被原谅的，这是我很久以前写的：

> 我发现我的座位非常理想，坐在那里我就可以清楚地看到大会壮观的景象和威严的典礼。它靠近女王的宝座，富丽堂皇的大厅的每一部分一览无余。
>
> 女士们穿着礼服，佩戴着珠宝、鲜花和羽毛，很快就进了贵族夫人旁听席。她们都是贵族的妻子或女儿，衣着华丽，笑容可掬。……在那些优雅、可爱的女士中，最引人注目的是年轻的诺森伯兰郡公爵夫人和著名的宫廷美人克莱门蒂纳·维利耶。
>
> 大约 1 点钟时，贵族们穿着他们的官服开始走进来。总的来说，他们是一群高贵优雅的人。不过，几乎没有人在意这些人，因为这时宝座的左边慢慢地走来一个满头白发的老人，脸色苍白消瘦，有点儿驼背，这是曾在许多国家征战的英雄，征服者的征服者——钢铁公爵！他依靠着杜罗侯爵夫人的手臂，摇摇晃晃地站在我们面前，他是英国最了不起的老者。他现在退役了，穿着公爵长袍，加入了维多利亚塔入口处的王室队伍。……虔诚的主教们穿着僧

侣长袍，很神气地站在世俗的人面前。法官们身着黑色长袍，戴着巨大的假发，庄严肃穆地走了进来。贾斯蒂斯·塔尔福德先生是个诗人，他身材矮小，看上去很谦逊。外交官员们整齐地排成一列，他们无论站立还是就座都在一起，最为独特和显眼。他们的服装颜色各异，戴着令人眼花缭乱的佩星、勋章，佩着镶着宝石的剑。……

坐在我旁边的是库格王公11岁的女儿古拉迈公主。她昨天接受了基督教洗礼，女王是她的教母。她是一个漂亮、聪明的孩子，浑身上下珠光宝气。她的父亲——一位印度王公坐在她的对面。他穿着华丽的服饰，披着一条漂亮的印度披肩，黝黑的眉毛上方闪烁着像星星一样的钻石，即使是为了得到其中最小的一颗钻石，很多度日为艰的基督徒都愿意出卖他们的灵魂。……

最后，枪声宣布女王的仪仗队出发了，不一会儿所有的人都安静地站立着迎接女王陛下。女王在阿尔伯特亲王的引导下，由政府要员陪同着走进来。她长袍的下摆由女士们、先生们和侍童抬着，使身材矮小而丰满的美丽女王增添了几分庄严。女王的举手投足中自带尊严和

库格王公 11 岁的女儿古拉迈公主

（弗朗茨·克萨维尔·温特哈尔特绘）

优雅。很明显，阿尔伯特亲王长得非常英俊，但是他已经开始发福了，而且有点儿谢顶。然而，他是一个正直高贵的人。女王陛下保养得非常好，真是一个漂亮可爱的女人。当她对着画廊里的一些朋友——特别是印度小公主——微笑时，我想我从来没有见过比她的笑容更甜美的东西。她脸上显现出女性纯洁、朴实、善良的气质，同时绝不缺乏灵动和智慧。总而言之，看到她之后，我能很好地理解为什么她的人民对她由衷爱戴和忠诚，于是我发自内心地加入他们的祈祷：“天佑女王！”

女王陛下戴着灿烂的钻石头饰，并配有手镯，项链和抹胸。她柔软的棕色头发装饰得很朴素。她穿着白色绸缎裙子，镶着金黄色的边；她的紫色天鹅绒长袍上也装饰着很多金边和貂绒。

女王请贵族们就座，然后下令让她的“忠实的下议院的成员”走进来。当下议院的成员进来时，演讲者读了一篇讲话稿，我已经将讲话稿录下了。女王安静地、一动不动地坐着，甚至连手指和眼皮也不动一下。钢铁公爵惠灵顿站在她的左边，弯着腰，微微颤抖着，就连支撑沉重的国家之剑也有明显的困难。阿尔伯特亲王穿着神气的陆军元帅制服，就像个士兵一样坐得笔直。他看上去显得漠不关心，非常平静，但是他的神眼似乎看起来非常遥远。德比伯爵优雅地端着放在华丽的垫子上的王冠，就像一个优秀的侍者端着一盘冰块似的。前些时候，在一个类似的场合，我听说阿盖尔公爵非常倒霉，他不小心让这个王冠从垫子上掉了下去，一些昂贵的珠宝受到震动，从王冠上脱落下来，像许多碎玻璃片一样散落一地。但是没有必要喊“捡起碎片！”

读完演讲稿后，女王陛下聆听了一些需要获得她同意的法案。每次她都优雅地点点头，她的钻石头饰在阳光的照射下闪闪发光。女王默许之后，有个传令官就会向女王鞠躬，然后朝着下议院鞠躬，并大声说：“女王同意！”（La Reine le veut！）

他为何用法语说，而不是用他们自己的语言——英语说“女王同意”，我至今不明所以。

仪式结束时，大法官跪在宝座前，给女王呈上一份皇家演讲稿（我原以为她会把它放在口袋里带来），她就开始宣读演讲稿。她宣读的方式非常简单，但给人深刻的印象，而且声音特别悦耳。我从未听过比这更美好的朗读，每一个音节都读得非常清晰，尽管读得很温柔，但抑扬顿挫，准确无误。

大法官正式宣布议会闭会至8月20日。女王陛下威严地站起来，阿尔伯特亲王站在她身边，捧着王冠和宝剑的人站在前面，其他人站在后边，皇家仪仗队慢慢地走了出去，大家也都四散，跟在后边走了出来。辉煌的庆典就这样结束了，就像仙女的魔法一样褪色了。这是他们召开议会的方式，只是现在女王不再读演讲稿了。

Queen Victoria

第二十三章 克里米亚战争

精彩看点

惠灵顿公爵之死——奥尔巴尼公爵诞生——克里米亚战争——阿尔伯特亲王遭到诋毁——威尔士亲王初涉政治——家庭生活——阿尔伯特亲王会见法皇

这年秋天，女王于巴尔莫勒尔堡得知了她最杰出的子民——惠灵顿公爵的死讯。女王的《我们的高地生活日记》中充满了对惠灵顿公爵的回忆。她心怀感激，不吝辞藻地赞美惠灵顿公爵。她说，“人们想到英国，就会想到惠灵顿公爵，他是我们不朽的英雄。”

这位伟大的老人死后，他的葬礼规格很高、场面很宏大。他的一生承载了太多的荣誉，很多哀悼他的人泪如雨下。他的遗体停放在圣保罗大教堂的地下室里。英雄纳尔逊亦长眠于此，等待着他的到来。

1853 年年初，一个消息传到了温莎城堡——法国皇帝为自己选了一位新娘。法皇之所以选择这位新娘，不是因为她的财富、高贵的出身以及与皇族的关系，而是因为她的美貌、优雅以及他们之间的爱情。当年，阿尔伯特亲王与维多利亚女王正是因为真爱步入了婚姻的殿堂，到现在他们依然相亲相爱，所以他们对法皇表现出前所未有的友好，并衷心希望法皇能有公平的机会来表明他能够为法国做些什么。我想，他们几乎忘记了那场造成有些人失去丈夫，有些幼儿成为孤儿，有些人无家可归，被迫流亡的“政变”。

4月，女王的第4个儿子——利奥波德·乔治·邓肯·阿尔伯特，后来的奥尔巴尼公爵——在白金汉宫诞生，和他的名字一样，他注定成为影响深远的人物。

这年，“红色星球火星”的热潮方兴未艾。那令人不忍直视的“东方问题”最终演变成克里米亚战争。英国人虽然觉察情况不妙，但也开始为此进行军事准备。战鼓常常响起，训练、征兵、演习成了日常行动。英国在乔巴姆进行了一场大型军事演习。女王和亲王身着戎装，骑着战马，奔赴演习现场，随行的有科堡公爵和女王的堂弟汉诺威国王乔治。

这是真正的“女王的天气”，明媚而温暖。然而，在阿尔伯特亲王定期去军营的那段时间，天气骤变，他在帐篷外遭了暴雨，浑身上下湿漉漉的，于是就染上了重感冒。几天后，亲王大胆地冒雨拖着病体回到家中，不久患上麻疹。这场疾病很快在家庭成员中蔓延开来，所有人包括女王都未能幸免，甚至连客人都被感染，比如汉诺威王储与科堡公爵夫妇。当科堡公爵夫妇回家后，又将疾病传染给布拉班特公爵和弗兰德伯爵。这大概是英国王室有史以来感染麻疹最严重的一次。

同年，女王和亲王再次前往爱尔兰，出席都柏林工业展览，他们受到一如既往的热情款待。值得一提的是，女王在爱尔兰没有像在伦敦一样遭遇暗杀、当面攻击以及种种冒犯。女王那张真诚而面带微笑的脸庞，唤醒了这个善变而慷慨的民族的骑士精神。女王信任爱尔兰人，而爱尔兰人则用真诚回报了女王的信任。

回到巴尔莫勒尔堡后，亲王这样写道："若非东方那令人烦恼的复杂局势，我们在这里一定很开心。欧洲爆发战争将会是一场可怕的灾难。但我们不应该失去希望，尽管希望依然渺茫。"

日子一天天过去，希望越来越渺茫了。在政治舞台上，战争的阴云越来厚重，越来越黑暗。在那段动荡不安的时期，有人因害怕战争爆发而胆战心惊，有人因战火即将烧起而慷慨激昂，他们非常期待英国能战胜俄国。然而，就在这时，亲王遭到了充满恶意的猛烈诋毁，污蔑他对英格兰和女王心怀不轨，称他诡计多端，是"影响女王的"危险分子。荒谬的诽谤不断蔓延，有些头脑简单的人竟然认为应该以叛国罪逮捕"那位无可挑剔的亲王"，并将他关入伦敦塔。还有些人认为他已背叛了英国，所以他们应该用磨得发亮的旧斧子砍向亲王那英俊的脑袋。谣言肆虐，有人说女王也被捕了，被关进了那阴森的古堡，也有人说，女王坚决与丈夫共渡难关，她与亲王一起被关进了地牢。成千上万的英国人聚集在伦敦塔外，想观看他们被关进塔里。而所有这一切并不是发生在愚人节那天。

可怜的斯托克马男爵也被卷了进来，有人怀疑他设下政治阴谋，并付诸行动，威胁到英格兰的和平，损害了英格兰的荣誉。事实上，他被指控为间谍和阴谋家，这真是荒谬不堪。在我看来，他是一个非常高尚、和蔼可亲的老人，一位政治哲学家和伦理学家。他总是固执己见，有时他在他的皇家学生们面前有点儿傲慢。不过，只要他们不反对老师的这种做派，他人就不会介怀。男爵自然有着敏锐的哲学家的头脑，他对欧洲政治有着明智而准确的判断。在我看来，尽管大部分人不信任这个德国老男爵，但他是女王和亲王最好的朋友了。

虽然阿尔伯特亲王那时写道他“处于极大的痛苦中”，但他依然非常耐心且理性地处理问题。他从对妻子的忠诚、对儿女的疼爱和对风琴的热爱中得到慰藉和平静，他说，风琴是“能够表达个人情感的唯一乐器”。他写道：“维多利亚非常在意这件事，对这些攻击表现出极度的愤怒。”然而，让女王非常欣慰的是，议会两院成功地驳倒了所有的诽谤者。在那一年的结婚纪念日，女王这样写道：“这神圣的一天快乐静好，我们已经一起度过了 14 个幸福的春秋，我非常相信，我们以后还有更多岁月要共度。当我们老去时，我们依然会像现在一样，深爱着对方，彼此忠诚。当然，磨难是无法避免的，但只要我们在一起，磨难又算得了什么呢？”

1854 年 3 月，女王和亲王去奥斯本检阅集结在斯皮特黑德的威武的舰队。女王在给阿伯登勋爵的信上说：“我们即将出发去检阅舰队，舰队很快开往战场。那将是庄严的一刻！包括我们在内，很多人都会因此而变得沉重，很多人都会祈祷，希望舰队会安全地载誉归来！”

啊！当那些威武的战舰启帆远航，皇家的旗帜随风飘扬时，笼罩舰队的不是人们期待的“甜美小天使”，而是“死神”！

普鲁士国王腓特烈·威廉似乎想终结这些小小的不快，他致信英格兰女王。在信中，他像长辈一样建议女王对俄国沙皇做出一些让步，而女王则认为让步就是示弱，而且毫无意义。她的回答表明了她特有的勇气。她引用的一段莎翁名言，令人十分钦佩：

> 留心
> 避免和别人争吵，可万一争端已起
> 就应该让对方知道你不是可以
> 轻侮的。

当我们回望历史，的确是因为女王的机智、亲王的聪慧、斯托克马男爵的理性、埃克塞特大厅的善举以及上议院主教的虔诚，和平协议才最终落实，克里米亚战争的硝烟随之淡去。而那时，狮子和独角兽共同进攻敌人的动人图像所指的不是英国或法国，而是可怜的土耳其。若非如此，丁尼生一定写不出《轻骑兵进击》，而对雄辩家们来说，这一定是个很大的损失。议会里几个胆小怯懦的经济学家和善心柔肠的人类学家不得不阻止那些有可能造成英格兰财产大量流失或股份受损的事情，他们与约翰·布莱特一样，认为这场战争“有失公平且全无必要”；但他们这样做只是“白费力气”。一位富有的公谊会教徒，带着他女子般柔弱的心肠和天使般无邪的脸庞，去沙俄劝说“朋友尼古拉”结束这次战争，但一切都是徒劳的！虽然沙皇为之所动，但他并不会因此让步或投降。

3月3日，女王前往议会听取两院答复她的开战主张的演讲。在这个重要场合，年轻的威尔士亲王第一次与父母同坐在王位之上。他看起来要比平时更加高大威严，战火让他热血沸腾。只要有机会讲话，他必是积极主战。此前数日，第一个师被送往波罗的海后，女王强烈地感觉到她身上流淌着父亲那种战士的热血，因此她写道：“我非常热爱海陆两军，我希望海陆两军中现在各有我的两个儿子。”多年后，阿尔伯特亲王离世，据说女王不再希望自己的孩子冒险参战。

尽管威尔士亲王知道父亲的地位要比大不列颠宪法所允许的尊贵很多，但王子依然敬服父亲的威严。

后来，一位英国绅士告诉我阿尔伯特亲王明智地行使威严的一个颇为典型的例子。阿尔伯特亲王和他的儿子骑马穿过伦敦的收费桥。收费人收取通行费时向他们致敬。阿尔伯特亲王十分有礼貌地低头脱帽回礼，而阿尔伯特·爱德华王子却没有回礼就冲了过去。几分钟后，满脸涨红的爱德华王子赔着笑脸返回，因为他父亲命令他说：“孩子，请回去向那个对你致敬的人回礼。”

女王热忱地看着印有她“至爱的阿尔伯特亲王”的肖像并以其名字命名的战舰启航。事实上，是女王亲自用“阿尔伯特”这个仁慈、和善且热爱和平的人的名字为这艘战舰命名的。这似乎有那么一些违和感，就好比将战争与爱好和平的人或是虔诚的基督徒相提并论一般。

在肆虐的战火和漫天的谣言中，在西奥多·马丁爵士所写的《阿尔伯特亲王传》这部令人钦佩的、内容全面的作品中，读到那些令人快乐的家庭琐事让人倍感欣慰。例如，亚瑟王子生日那天，白金汉宫举办了五朔节儿童节舞会，200 个孩子因此不胜其乐，同时也带给别人许多愉快。在维多利亚女王生日那天，当一幢漂亮的小屋——瑞士小屋，包括其周围的土地，都被转让给他们，成为他们的产业，为他们所有和支配时，王室的孩子们在奥斯本度过了十分快乐的时光。奥斯本小屋并不完全是他们用来玩耍的场地，也是他们学习生活的场所。在小屋设施齐全的厨房里，小公主们学着做各种家务，烹饪各种菜肴并且学着做蛋糕与馅饼，简而言之，就是学习普通家庭主妇的日常工作。而在草坪和花园里，年轻的王子们每天都会在园丁的指导下工作两到三个小时，从而取得正规的劳动证书，并给他们的父亲过目。他们的父亲总是会付给他们报酬，与做了同样多、同样好的工作的园丁的酬劳一样多，从来不会多，亦不会少。每个男孩子都有自己的锄头和铁锹，就是年龄最小的王子也没有觉得这件事情有失体面。两个最大的男孩——阿尔伯特·爱德华和阿尔弗雷德——还要在父亲的指导下，建造所有细节堪称完美的小型堡垒。这座军事化建筑中的所有工作，甚至是烧砖，都是王子们完成的。从长公主维多利亚到比阿特丽丝，小公主们也得在花园里干活，她们每个人都有自己的一小块地，上面标着自己的名字。小屋旁是一座自然历史博物馆，我们很容易就能想到在那里能看到多么棒的昆虫和鸟类的标本。哦！那些住在雄伟的王宫里的成年王室成员是否知道他们在瑞士小屋里度过了多么舒适而有趣的时光？

1854 年秋，阿尔伯特亲王前往布伦，去访问英格兰的主要盟友，小王子亚瑟随行。起初，他觉得法国皇帝有那么一丝呆板和冷漠，但就如他写给女王的：“法皇的态度日渐改善。”在如阳光般和煦的亲王面前，法皇不得不改变自己的态度。亲王还写道：“法皇对我说，他印象最深的一次是，威廉国王驾崩后不久，他到达伦敦，看到 18 岁的你第一次前去参加国会。”

亲王给法皇留下了深刻的印象。他们有天壤之别。

一个性情表面上晶莹剔透，实际上格外深沉；另一个看似复杂神秘，但实际上却比较肤浅。

对女王而言，这一定是个非常焦虑和忧伤的季节。阿尔玛和塞瓦斯托波尔的枪声回荡在她热爱的山谷间。在女王这一年的日记中，只有一条有关巴尔莫勒尔堡的记载，而且其中并未提及高地探险或节庆，只是提到了诺曼·麦克劳德牧师非常有说服力的布道词与祈祷词，她说“令人深受触动”，又说 “他提到我们时言辞简单明了，并说‘愿上帝保佑他们的孩子’。同样，当他为那些已死去的人、受伤的人、寡妇和孤儿祈祷时，我的喉咙哽住了。”

数月后，俄国的一支可怕“盟友”悄然渗入战斗——就是那场历时整整两个冬月的霍乱。沙皇将这场霍乱称之为是“1月和2月的战场主将”，它使英法两军受到重创，但却并未扭转俄国被动的局面。军需管理不善使英国军队再陷困境，但英国军人战胜了困难，展示了他们勇敢、富有耐力的英雄品质。

这是一场可怕的战争，战火一直持续到1855年3月沙皇驾崩后才逐渐熄灭。尽管谣言四起，说沙皇是因为他无法保住塞瓦斯托波尔而自杀的，但报道称沙皇死于肺出血。随着他的逝去，这场战争事实上也已结束。他的儿子亚历山大极尽体面地与他父亲的敌人签署了和平协议。

从陆路包围塞瓦斯托波尔（弗朗茨·鲁博绘）。克里米亚战争（1853—1855）是英国、法国、土耳其帝国与俄国争夺巴尔干半岛的战争。其中，塞瓦斯托波尔战役（1854—1855）是决定战争胜负的关键。1855 年 9 月，俄国重兵坚守的塞瓦斯托波尔陷落，战争很快结束

英法联军进攻塞瓦斯托波尔（威廉·辛普森绘）

俄军坚守塞瓦斯托波尔
（乔格瑞·苏可夫绘）

在这段苦难重重的日子里，女王和亲王对英国战士深表同情，亦为他们深感自豪。他们非常同情战士们，因为他们在战壕里衣不蔽体，饥饿难耐，忍辱负重，毫无怨言。

亲王写道："一想到军队的管理问题，我都会心痛不已。"他写信给弗洛伦斯·南丁格尔[①]，称赞她在神圣的使命中所表现出的勇气。每每有伤员送抵英国，他和女王定会前往医院探望。女王在将克里米亚勋章颁给那些最勇敢的人时，总带着一种快乐中掺杂着悲伤的奇特情感。在一封私人信件中，她这样描述那感人的场景：

"从血统高贵的王室成员到身份低下的列兵，他们都因在这场艰难的战役中的表现而受到表彰……我高贵的子民们！我觉得他们就像我自己的孩子一样……让我如此感动，如此欣慰！我听到很多人都哭了，他们不同意将他们的勋章收走，以便将他们的姓名刻在那些勋章上，因为他们唯恐不能得到那枚由我亲自颁发的勋章。有几个人走过来接受勋章时，看到他们的身体严重伤残，我非常悲伤。"

其中有位叫托马斯·特罗布里奇的年轻爵士。在因克尔曼时，一颗炮弹炸飞了他的一条腿和一只脚。他坐

① 弗洛伦斯·南丁格尔（1820—1910），英国社会改革家、统计学家和现代护理学的奠基人。克里米亚战争期间，她带着经过培训的护士照顾伤兵，为昔日地位低微的护士赢得了崇高的荣誉。——译者注

在轮椅上被推到女王面前。女王为他授予勋章时，说想任命他为她的副官，但这位英勇而忠诚的战士回答道："我付出的一切都已经得到了丰厚的回报！"可怜的孩子！我不知道他是否继续说他将肢体残缺地度过余生？

在这场战争中，每次英国军队在进军途中遭遇挫折或受到阻击，每次英国军队在克里米亚遭遇灾难或蒙受耻辱，亲王都会再次遭受攻击与诋毁，甚至面临遭弹劾的威胁，然而，当这场"残忍的战争结束"时，这些诽谤与污蔑也就戛然而止了。那些诽谤与污蔑本就毫无根据，荒谬至极。阿尔伯特亲王除了一直具有的荣誉感与男子汉气概之外，至少还有10个忠于英格兰的理由——1个英格兰妻子和9个英格兰孩子。

第二十四章

女王应邀访问法国

精彩看点

法皇与皇后——访问温莎城堡——惬意的伦敦之行——歌剧院的盛况——女王应邀回访——辉煌的帝国宫殿

沙皇突如其来的死讯让善良的女王委实心痛，他曾经也是女王的朋友，甚至“兄弟”。随着惊人的消息传来，当年沙皇访问温莎的情景重现在女王的眼前。然而，女王不得不从对威严的沙皇的回忆中走出来，接见打败沙皇的人——法皇拿破仑三世和他美丽的妻子。他们在这个春天来访，会见女王及亲王。女王已经为她的客人准备了奢华的客房，客房是城堡里最好的，而且正是当年尼古拉一世住过的。这间客房通常是为尊贵的君主们专门预留的，路易·菲利普也曾在这里住过。不知道路易·菲利普和沙皇会在路易·拿破仑的床边准备什么鬼东西！在法皇与皇后到来的前几天，可怜的前王后玛丽·艾米丽拜访了女王。女王的日记中有一段十分令人动容的记载。顺便提一下，我引用的所有女王日记的内容都来自非常友好的西奥多·马丁爵士的书，并得到了他的许可。

女王写道：“她上了一辆极普通的车，车由很糟的驿马拉着。我们的心里充满忧伤。试想，她曾是法兰西尊贵的王后啊！6年前英国非常隆重地欢迎她丈夫来访，而3天后盛况依旧，却已物是人非，此次接待的将是他的继任者。”

这段话包含着女王极致的温柔与怜悯。大部分王室成员或者共和党人都不会“为此劳神”。世人对法国王室的沉浮熟视无睹，对一位君主的失败、逃离、流亡或逊位无动于衷。在那段古老的岁月里，将一位皇帝推上断头台会令人们兴奋不已。

英格兰的得力盟友拿破仑三世与他美丽的妻子欧也妮——这个由内而外皆散发着皇后光辉的美人——受到格外热情的接待。伦敦的欢迎热烈而长久。当时的《泰晤士报》详尽地报道了人群有多么拥挤与人们有多么狂热。该报还报道，当他们穿过国王大街时，“人们发现法皇将注意力从皇后身上转移到一座他过去曾住过的房子”——虽然那是一座体面的住所，但与杜伊勒里宫相比却有着天壤之别！

阿尔伯特亲王已经出发去迎接客人了。对于这段漫长而焦灼的等待，女王曾有过一段很有趣的描述。终于，他们看到了“走在护卫队最前面的士兵——人群爆发出欢呼声。骑在马上的侍卫也出现了——所有的门都打开了。我移步出去，孩子们紧紧跟在我的身后：乐队开始演奏‘到叙利亚去’，小号吹响了，法皇和皇后的敞篷马车终于出现。阿尔伯特坐在他们对面，然后他们下车……我上前拥抱了法皇，向他致敬，法皇回礼，第一

1854 年的欧也妮皇后（弗朗茨·克萨维尔·温特哈尔特绘）

欧也妮皇后与侍女们（弗朗茨·克萨维尔·温特哈尔特绘）

次吻了我的手。”英国女王自然不是做事只做一半的人，英国人民也不会。接着，女王拥抱了皇后，她形容皇后是一个“十分温柔而优雅的人，但明显十分紧张”。之后孩子们也见了客人。“维姬惊慌地眨巴着双眼，行了深深的屈膝礼。”而伯蒂则有幸得到了法皇的一个拥抱。然后，他们一起上楼。女王要给皇后带路，皇后婉拒了，就改由阿尔伯特亲王为她带路。女王陛下则扶着法皇的胳膊跟在后面。法皇不无自豪地告诉女王，女王镇压那些反复无常的敌人——宪章运动者时，他曾作为特殊警察为女王服务。

很快，女王和亲王都觉得与法皇很投缘，对皇后很仰慕。女王曾这样描述法皇：“他为人斯文而亲切，很好相处……他是个风度翩翩、平易近人的谦谦君子，他的一言一行都十分得体。”

对于欧也妮，女王写道：“她很勇敢且充满活力，却不失温柔，而且非常单纯……她是那样的活泼、美丽、优雅和得体。”后来，女王极为慷慨地表明，那个美丽而光芒四射的女子已经完全占据了她的心灵。女王在她的私人日记中写道：“我非常乐意看到阿尔伯特是那样喜欢她、仰慕她。”

温莎城堡为他们举行了盛大的舞会，欧也妮自然是全场最耀眼的人物。女王与法皇一起跳舞时，她用天马行空的想象力，思考着这一场景的前因后果。她说：“真是难以想象，我——乔治三世的孙女，竟然在滑铁卢大厅，与乔治时期英国最大的敌人的侄子——拿破仑三世一起翩翩起舞。时过境迁，现在的法皇成了我最亲密的盟友。而6年前，我的这位盟友落魄不堪地流落到英国，从未敢想他会有今天。”

女王授予法皇嘉德勋章。当时，这种荣誉对一位君主真的是有些“誉过其实”。而事实上，这位君主的确没有因头戴皇冠而变得英勇。然而，当皇冠唾手可得时，谁会责备一个争取皇冠的人呢？

这座城市依然热情地接待着法皇和皇后，市政大厅还举办了盛大的晚宴。到了傍晚，他们去了歌剧院。歌剧院之行使他们终生难忘。大英帝国的皇家车队驶经人潮拥挤、灯火通明的街道。抵达贵宾席后，女王的脸上洋溢着非常甜美的微笑，她手挽法皇出现在观众面前。观众的热情高涨。接着，阿尔伯特亲王引导着美丽的皇后走上前来，观众的热情达到了高潮。后来，这位风采不减当年的女子遭遇了不幸的风暴，她悲痛万分，两鬓斑白，成为自玛丽·安托瓦内特以来丢掉了王冠的、最令人怜悯的女子。那时，她也许会回忆起昔日的快乐与荣光，甚至这两位高贵的寡妇会一起回忆过去。

分别的时刻还是到来了，法皇带着美丽的、泪眼婆娑的皇后启程离去。乐队演奏着那首“到叙利亚去”的法国曲子。法皇的心里充满了自豪与感激。他回去后不久写信给女王，讲明了他感激不尽的缘由之一。他在信中说，他在英格兰受到了友好接待、盛情款待；他在温莎城堡度过一如在家般快乐的时光；最后说："我对女王陛下感激不尽，还因为女王对皇后的细致周到。没有什么比发现自己的爱人集众人的宠爱于一身更让我高兴了。"

那个夏天，在奥斯本，女王的孩子们突发猩红热。很快，这种病在王室成员中传播开来，这引起了大家的高度戒备，所幸没有造成什么严重后果。两个大一些的孩子没有感染，他们获准 7 月与父母同去巴黎，回访法皇和皇后。他们乘坐游艇抵达布伦。拿破仑三世亲自来布伦迎接他们，然后骑马护送他们去火车站。骑着马的法皇看起来棒极了，甚至可以说英俊。抵达巴黎后，他们发现整个巴黎焕然一新，就好像只有法国人才懂装饰这门学问似的。欢快而热情的人群欢呼着，就好像只有法国人才懂如何欢呼似的。他们驶过美丽的林荫道，穿过布伦森林，跨过大桥，抵达圣克鲁宫。那里到处都是皇家的军队、炮队、骑兵和轻步兵，他们的乐队正在演奏"上帝拯救女王"。只有那些了解帝国统治下的巴黎的人才懂得这样的接待意味着什么，这简直就是喜庆的节日！这种盛大场面持续了 10 天。女王描写了他们抵达圣克鲁宫时的情景："我们抵达王宫时，灯火辉煌。到处都是炮火声、乐队的演奏声、鼓声和欢呼声。皇后携玛蒂尔德公主和其他女眷在门前迎接我们，带着我们走上一段华美的楼梯，楼梯两边站着英气逼人的近卫军，他们很像我们的禁卫骑兵团……我们很快就走到了自己的房间，房间实在是太迷人了……我感到眼花缭乱，有些陶醉了。一切都是那么美好。”

我们知道，这座宫殿后来在围攻中被烧毁。最后一次去参观残留的废墟时，我伫立许久，凝望着那破旧荒废的格栅，透过格栅看到气势恢宏的前厅，不知曾有多少皇室访客经过那里。它发黑的断壁残垣和倒塌的大理石上长满了野生绿植，仿佛一块绿色裹尸布覆盖着这死寂的废墟——准确地说，就像是一场野蛮的植物入侵，因为这里没有精致的蕨类植物，或是诗意盎然的常青藤，有的只是民主的野草，共和的杂草，共产主义的蒺藜与荨麻。曾经英气逼人的近卫军站过的地方如今荒草疯长，朝臣们的所在之地布满了柔软弯曲的荆棘，那天晚上，女王、皇后与其他女眷一起走下楼梯，跨过矮小如女工般的雏菊。

法皇热情好客，按照英国人的习惯来安排一切；礼拜天的早上，特意安排了英语牧师来王宫。然而，到了下午，他却故态复萌，自甘堕落，与其他法国人一样，不遵守宗教习俗。他们都去呼吸新鲜空气，欣赏花草树木，看护布伦森林里的孩子们。第二天，他们进城，参观了艺术展，之后去爱丽舍宫参加欢迎午宴，然后又驱车前往美丽的圣礼拜堂和司法宫。在那儿，国王指向巴黎裁判所附属监狱说："这就是曾关押我的地方。"毫无疑问，他认为那只是过去的一段历史；与被关在同一幢冰冷的建筑里的可怜的玛丽·安托瓦内特相比，这更有趣。他们还去了意大利歌剧院。在那里他们给了客人们一个实实在在的惊喜。芭蕾舞剧即将谢幕的时候，场景突然就换成了温莎城堡以及前去拜访的法皇和皇后。庄严雄壮的"上帝拯救女王"慢慢响起，剧院里掌声雷动。一天，女王、亲王、长公主穿着非常朴素，雇来一辆马车，在巴黎微服私访。他们非常享受这样的"游玩"。后来，市政厅举行了盛大的舞会，又在战神广场进行了大阅兵；然后，他们拿着火炬参观了荣军院下的拿破仑墓。教堂里回响着庄严的风琴声；教堂外，一场风暴在这个仲夏之夜不期而至，电闪雷鸣。法国人很清楚应该怎样应对这类事件。

在凡尔赛宫举行的盛大舞会最激动人心。这座非常雄伟却有些令人伤心的不朽的建筑被装饰得极其华美，通明的灯火一改往日的悲凉。在这里女王陛下勾勒了一幅女主人的迷人画面：

> 皇后站在楼梯上迎接我们，她穿着白衣，点缀着花束和钻石，宛如仙女下凡。按照西班牙和葡萄牙的规矩，她穿着一件缀满宝石的外

搭，腰上和头发上都点缀着钻石。

她一定是太美了！法皇一定也这样认为。据女王说，当时法皇已经完全忘记当众称赞或是恭维自己的妻子实在有失得体，当皇后出现的那一刻，他大喊一声道：“你太美了！”

我想法皇并不总是那么礼貌。皇后刚刚入住杜伊勒里宫时，她称这座宫殿是“一座美丽的监狱”，而现在她眼里的这座宫殿与巴士底监狱一样都属于过去，她常常冲动地反抗严苛的宫廷礼仪，尽管这被指责有失体统。一次在接见宾客时，皇后发现一个老同学坐在不远处，于是赶快跑过去真诚地亲吻她。这种行为对普通年轻女孩来说无可厚非，但法皇却眉头紧锁，严肃低沉地说：“女士，你忘了自己是皇后！”那声音就如寒风般凛冽刺骨。

我在亲王写给他的叔叔利奥波德的一封信中，发现了这样一句关于凡尔赛舞会的颇具暗示意味的话：“维多利亚是在玛丽·安托瓦内特的房间里梳妆的。”如此看来，英国女王似乎担心自己会从梳妆镜里看到年轻高傲的王后头戴王冠的样子会像她一样光彩照人，或者女王害怕看到那恼人的银色王冠，看到年轻高傲的王后因恐惧而发白的头发。

离别总是悲伤的。皇后“无法忍受别离”，所以，

玛丽·安托瓦内特在自己的房间。玛丽·安托瓦内特（1755—1793），法王路易十六的王后，法国大革命中被送上了断头台

女王和法皇一起来到她的房间。法皇说："欧也妮，女王来了。"女王陛下回忆此事时补充道："之后，她走过来，给了我一把漂亮的扇子，一朵从花园里采摘的玫瑰花和向日葵，给了维姬一个镶着红宝石和钻石的镯子，里面装着她的头发，这让维姬十分高兴。"

法皇一路护送他们到布伦，陪他们上了游艇，然后拥抱告别，一切都结束了。

第二天一大早他们便抵达了奥斯本，阿尔弗雷德王子和弟弟们在岸边迎接；在他们看来，阿尔伯特·爱德华似乎因巴黎之行而变高大了，像是从神话故事里走出来的英雄一样。海伦娜和路易丝姐妹两人在房子外面等着他们归来，"可怜的爱丽丝"还生着病，就在房间里等着他们。对爱丽丝而言，家人的归来实在是太让人高兴了。

Queen Victoria

第二十五章 长公主的婚礼

精彩看点

长公主订婚——法兰西皇太子诞生——更多的来访者与访问——墨西哥皇帝和皇后——长公主的婚礼——庆典

女王和亲王在巴尔莫勒尔的一座新城堡里收到了塞瓦斯托波尔即将被攻陷的消息。最终，它在熊熊燃烧的大火和爆炸声中失守了。这是绝望的俄罗斯人咎由自取。

虽然这令人高兴的和平的消息是后来才送达的，但在巴尔莫勒尔的新房子里，女王一家人还有一件喜事，维多利亚公主坠入爱河，高兴地订婚了，尽管这种喜悦略带一丝悲伤。女王在她的日记里非常平静地讲述了这件往事："今天，我们亲爱的维多利亚与普鲁士威廉王子[①]订婚了。他之前已经向我们表达了他的愿望，但因为她太年轻了，他还有些拿不定主意，他是向她求婚呢，还是等他回来再说。然而，我们觉得他最好向她求婚。就在今天下午我们去克雷格纳邦的时候，他挑了一束白色的石楠（好运的象征）给了她。"这似乎打破僵局，所以这位富有诗意的王子（或许除了俾斯麦之外，所有的德国王子都很诗意、很浪漫）说他爱她，并向她求婚，

① 普鲁士威廉王子（1831—1888），名腓特烈·威廉（文中也称弗里茨），即后来的普鲁士国王和德国皇帝腓特烈三世。——译者注

维多利亚公主接受了。随后的几个星期他们开始谈情说爱，他们无疑是一对愉快而甜蜜的皇家恋人，正处于像罗伯特·彭斯与“高地玛丽”那样的花季年华，因为爱情总是起起落落。然后，年轻的弗里茨就回到德国了，他走时，深爱着他的维多利亚公主泪流满面，她的脸圆圆的，很美丽。

从这段时间一直到1858年长公主年满17岁后结婚，亲王越来越注重对这位爱女的教育，包括历史、艺术、文学和宗教方面的培养。准备她的坚信礼时，亲王非常认真地与她交谈了很久。他发现，这种智力和道德培养“极富成效”。

长公主的性格似乎在某些方面与威尔士的夏洛特公主非常相像。她精力充沛，意志坚定，快乐自由，无所畏惧，在更好、更纯洁的家庭和社会的影响下，成长为一个更加高贵优雅的年轻女性。在思想道德方面，她父亲将她培养得非常优秀，但可怜的夏洛特公主在思想道德方面却比那些没有父亲的孩子更糟糕。

不过，我在此没有时间展开叙述。1856年3月，亲王写信给斯托克马男爵说：“刚刚收到电报，得知皇后诞下一个男婴，母子平安的消息。杜伊勒里宫一定欢天喜地。”

这个出生在帝王之家的孩子是皇太子命中注定是个悲剧。后来他去非洲沙漠建功立业时，中了野蛮部落的

法国皇太子与他的母亲欧也妮皇后

（弗朗茨·克萨维尔·温特哈尔特绘）

埋伏，残忍的野蛮人在他俊美的身躯上插满了飞镖，几乎像年轻的圣塞巴斯蒂安殉道时一样。

3 月 21 日，在耗费了那么多人力财力、造成了那么多痛苦流血之后，拖延已久的和平协议终于签署了。亲王写道：“这并非我们的本意。”但是他已经学会承受这些小小的失望。

阿尔弗雷德王子开始学习海军知识。普鲁士的弗里茨来英国看望他的未婚妻，很快他的父母亲也来了，以便更好地了解他们未来的儿媳妇。这时死神毫无征兆地降临王室。女王同母异父的哥哥莱宁根王子死了，这令女王非常悲痛。不久，女王亲爱的姑母格洛斯特公爵夫人也去世了。格洛斯特公爵夫人是一个善良又可爱的女人，她是乔治三世和夏洛特王后的 15 个子女中最小的孩子。但有死就有生。4 月 14 日，女王在白金汉宫又产下一女。亲王写信给他的继母说，这个婴儿“身体很棒，比普通婴儿更漂亮”。他补充道：“妈妈，维姬和她的新郎将是这个小家伙的教父教母，她将有一个历史悠久、浪漫优美、悦耳、动听的名字——比阿特丽丝·玛丽·维多利亚·费奥多拉。”

那年夏天，温莎堡来了两个非常有趣的访客——比利时小公主夏洛特和奥地利大公马克西米利安。关于这个年轻的女孩，阿尔伯特亲王写道：“在我看来，夏洛特整个人都因她心中的爱而热情似火。”他写信给他的叔叔利奥波德说："我希望你能为亲爱的夏洛特找到一个能配得上她而且一定会给她幸福的丈夫。"

10年后，马克西米利安皇帝站在克雷塔罗的一队墨西哥士兵面前，拿出他的手表，现在他再也用不上这块手表了。他按了一下弹簧，温柔地吻了一下表壳里可爱的夏洛特皇后的一张小像。然后，将手表交给他身边的牧师说："把这件纪念品带给我在欧洲的亲爱的妻子，如果她能听懂你的话，告诉她我闭上了双眼，但她的形象已永远清晰地印在我的脑海里。"

可是夏洛特永远都不明白。她住在一个有名无实的宫廷里，却相信自己仍然是墨西哥的皇后，认为皇帝很快就会结束战争回到她身边。

这年夏天，海德公园出现了一幕令人难忘的景象。维多利亚女王骑着马，穿着非常合身的军装，亲手给这次伟大战争中的多位英雄佩戴了维多利亚十字勋章。啊，他们是多么自豪！可她更自豪。她是一名真正的士兵的女儿。当她看到英雄时，无论他多么卑微，她的内心总会因为他的英勇而激动不已。

亲王去参加他的表妹夏洛特的婚礼时，女王不得不留下来。她写信给利奥波德国王说，她让她的丈夫独自去参加婚礼，证明了她非常爱她的舅舅。她说："你不知道，当他不在我身边时，我感到多么孤独，我会数着日子一直到他回来。当他不在我身边时，所有的孩子都没有了意义，好像房子里所有的生命和家都不复存在了。”

这再次表明，女王是多么像一个钟情的苏格兰农民的妻子：

> 这座房子真不幸，
> 非常不幸——
> 当我的亲爱的丈夫离开时，
> 家里的乐趣所剩无几。

8 月，法皇和皇后乘游艇去奥斯本进行短期访问，谈论最新的政治事件及其进展。毫无疑问，他们还会谈起新生婴儿。不久，女王和亲王带着 6 个孩子，乘快艇来到瑟堡。快艇上有一个完好的临时婴儿室，小家伙们躺“在深深的摇篮里”。他们的到来完全出乎意料，皇帝和皇后远在巴黎，对此一无所知。他们一家人就高高兴兴地乘着马车到美丽的诺曼底旅行。毫无疑问，对孩子们来说，一切都是那么新奇，特别是法国的阳光格外温暖怡人，因此，孩子们玩得非常高兴。

这一年，住在巴尔莫勒尔堡的女王对印度叛乱、坎

纳纳与他的亲军，《印度起义史》中的版画

坎普尔起义期间，纳纳率兵攻击英国人

普尔的悲剧和纳纳[①]的滔天罪行深感悲痛。除了与勒克瑙的解放和杰西·布朗有关的美丽而诗意的故事，现在的年轻人对那场可怕的战争知之甚少。但是，当时，这是一件非常真实的事情，根本没有诗意，一点儿也不浪漫。

1858年1月25日，长公主的婚礼举行了。秋天，她父亲从巴尔莫勒尔堡写信说："维姬总感觉这是她在英国的最后的时光，她去每个地方时，都把它当成最后一次回家。……对我们每个人来说，离开这里将是一次重大的考验，尤其是维姬，她将永远离开这里，离开那些善良淳朴的高地人。他们很喜欢我们，常常泪流满面地对她说：'我想我们再也见不到你了吧？'这自然使她感到更加难过。"

最后，临近婚礼时，王室的宾客陆续到达白金汉宫。天气晴好时，白金汉宫的每个窗口几乎都有一个国王或王后，王子或公主向外张望；有雾时，一个个戴着王冠的人难免在走廊里发生碰撞。离开温莎时，女王写道："我们去看了为维姬的蜜月准备的房间，房间非常漂亮……我们和维姬散了一会儿步，维姬为她即将告别现在的生活感到非常难过。她真的要与她的童年告别了。"

---

① 纳纳，出生于1824年5月19日，失踪于1857年，印度马拉地贵族和斗士。1857年印度民族大起义期间，他领导了坎普尔起义。作为被流放的马拉地人佩什瓦二世之子，他有权从英国东印度公司获得退休金。但他父亲去世后，该公司拒绝他继续领取退休金，迫使他不得不起兵反抗，并寻求脱离东印度公司而独立。——译者注

这些事情也许是微不足道的，但这些琐碎的事情却显示了将这个高高在上的、威严的王室家庭紧紧地团结在一起的温暖的爱与同情。

一天晚上，温莎为王公贵族们举办了一个小型舞会，那些国王、王后、王子和公主们快乐地跳舞、旋转、嬉戏，欧洲的君主大约有一半在场，他们看起来与常人无异。女王写道："科堡公爵欧内斯特说，看到维姬作为新娘跳舞，就像18年前的我一样，感觉就像做了一场梦。他说我看起来仍然很年轻。1840年，亲爱的爸爸（已故的科堡公爵）与我跳舞，就如同现在欧内斯特和维姬跳舞一样。"

后来，温莎城堡又举行了一个盛大的舞会。经过挑选后，参加的人数依然达一千多人。温莎城堡专门为这些客人进行戏剧表演和音乐演奏。一天晚上，著名的悲剧演员菲尔普斯先生和伟大的女演员海伦·福西特小姐在女王陛下的剧院演出了悲剧《麦克白》。这次演出通过展示为了得到王冠男人和女人会承受什么，让在场国王和王后们感到非常震惊，他们认识到了王冠的价值，以及他们为王冠付出的努力是多么微不足道。很可惜法国皇帝和皇后没有观看演出。他们为一件更为悲惨的事件感到不安。奥尔西尼在意大利歌剧院入口附近引爆手榴弹，企图炸毁他们的马车。虽然他们只是受了轻伤，但人群中有80个无辜的人被炸死或炸伤。尽管皇后的白色衣服上溅上了鲜血，但她还是走到她的包厢里，坐在那里看完了整场演出。这些帝王之家的人们需要多大的勇气啊！

女王对婚礼期间的欢乐与悲伤的描述很自然，充满了母爱，令人感动。首先，新郎弗里茨王子的到来使温莎堡和宫廷轰动了，亲王已经出发去迎接弗里茨王子了，所有官员们都在等待。女王说："我在楼梯口非常热烈地欢迎他，他脸色苍白，有点儿紧张。维姬和爱丽丝在楼梯顶端欢迎他。"那天下午，王室所有人员都观看了非常壮观的"驯马"表演，拉瑞先生"领衔主演"。晚上，他们去了歌剧院。第二天是星期天，所有礼物都被展示出来：一套漂亮的珠宝，还有盘子、花边和印度披肩，他们还做了弥撒，听了布道。这些伟大的人经历的这一切如此美妙！散步回来后，他们又发现了大量新礼物。女王写道："亲爱的维姬给了我一个胸针，一个非常漂亮的胸针，里面装着她的头发。她紧紧地拥抱着我说，'我希望我值得你为我感到骄傲。'"

依据我所听说的一切，应该说，这种美好的希望已经在高尚、仁慈的生活中实现了。德国的太子妃是一个深受爱戴和尊敬的女人。

婚礼那天，女王写道："这是我生命中第二个最重要的日子。我感到好像我自己又结了一次婚……在穿礼服时，亲爱的维姬进来看我，她镇定自若，看起来好极了。"

和她的母亲一样，长公主在圣詹姆斯宫的礼拜堂里举行了婚礼。婚礼的程序与那次难忘的婚礼非常相似，正如女王总说的那样有“上帝的保佑”，事情进展得非常顺利。现在她作为一位旁观者，可以更多地描述叫喊声、钟声、欢呼声和小号声以及华丽的游行队伍。阿尔伯特亲王和利奥波德国王以及“两个大儿子走在最前面。然后是爱丽丝、海伦娜和路易丝，这3个女孩穿着粉红色、镶着花边的缎裙，手捧鲜花。”8个伴娘穿着“白色薄纱，头戴花环，手捧玫瑰花和白色的石楠花束”。用王子和公主朴素的订婚花作为“吉祥物”是一个好主意。

女王说：“穿着镶有貂皮的紫罗兰色天鹅绒的妈妈真漂亮。”啊，在维多利亚女王的女儿中，长公主维多利亚是唯一一个出嫁时外祖母亲吻过额头的外孙女，这比任何教士的亲吻都要珍贵、神圣。我希望能在报纸上读到，婚礼仪式一结束，新娘就“亲吻了她的外祖母”。

在王宫吃完早餐后，长公主维多利亚和腓特烈·威廉这对新人就驱车离开了，就像18年前的维多利亚和阿尔伯特一样，处于同样的状态，同样令大家兴奋，同样彼此深爱着对方，同样欢乐。这幸福的一对并没有一路驾车到温莎城堡。正在等待他们的是火车——那匹不耐烦的铁马——表明在女王和阿尔伯特亲王的婚礼后，世界已经发生了翻天覆地的变化。不过，伊顿公学的男孩们依然在为这对情侣欢呼喝彩，他们戴着同样高的帽子，

长公主维多利亚大婚
（约翰·菲利普绘）

穿着同样的短上衣，疯狂地欢呼，以致女王几乎怀疑他们一定是她结婚时为她欢呼的那些男孩的儿子或弟弟。然而，他们青出于蓝而胜于蓝，因为他们把火车从温莎车站一直开到了温莎城堡。

很快，宫廷大员和35位王室客人来到了温莎城堡，城堡里举行了宴会，并再次举行了授勋仪式，想必女王饰有宝石的勋章存货一定不多了。然后，他们又回到城里，听歌剧，观看演出，送礼物，说祝词，最后终于迎来了离别之日。前一天，女王写道："难以置信，这是我们亲爱的孩子与我们在一起的最后一天，这令我非常难过。"她还记录了那个可怜的孩子所说的话，"我想与亲爱的爸爸告别会要了我的命！"

第二天早上，女王写道："维姬一脸悲伤地来到我的房间。我们深情地拥抱在一起，泪如雨下。"

然后，维姬就和慈爱的外祖母以及弟弟妹妹们告别，"伯蒂"和阿尔弗雷德与他们的父亲一起将新郎新娘送到格雷夫森德，然后看着他们启程离开。但最令人难受的是，孩子与母亲的离别。

再次引用女王的话："这是可怕的一天，一个可怕的时刻！当我想起我们亲爱的孩子已经走了，而且已经走了这么久，我就开始心痛。……维姬走之前，天就开始下雪了，无休无止地下了整整一天。"

尽管天气阴沉，但我听说，成千上万的伦敦人聚集在街上，想看他们喜爱的长公主最后一眼。他们几乎认不出她那张愉快、红润、孩子般的面孔了，因为那张面孔是那么悲伤，由于流泪过多而肿胀。然而，他们并不太喜欢站在她身边的英俊的普鲁士王子。一个忠诚的英国人喊道："如果他不善待你，你就回到我们这里来！"听了这句话，她笑了起来。我相信他待她的确很好，她一直都是一位幸福的妻子，尽管听说她有段时间对那些紧紧束缚她的德国宫廷礼仪感到不安。她发现，通往王子的天堂的那条笔直、狭窄的通道不像在自己家那样被玫瑰环绕，而是到处都是灌木丛。虽然她尊重一部分宫廷礼仪，但是她也勇敢地打破了一些礼仪。

小新娘在她的新家受到了非常热情的接待。女王在她的结婚纪念日这天，高兴地收到了她的女婿发来的电报，电报的内容很简洁："整个王室都对我的妻子着迷。腓特烈·威廉。"

后来，女王写信给她的舅舅，告诉他她的女儿在普鲁士宫廷取得的成功与获得的幸福。女王说："但她打心眼儿里还是常常渴望能回家，渴望见到她深爱的人们，特别是她亲爱的爸爸。她非常崇拜她的爸爸，这令人愉快，让人感动。"

她的父亲也用慈爱和不倦的奉献来回报这种"崇拜"。他写给太子妃的信可能是他最甜美、最高贵、最体贴、最完美的作品。这些信表明，他尊重，并深爱着他的女儿。实际上，他曾对她的丈夫说，维姬有着“成年男子的头脑和稚子的心灵”。他给他叔叔和斯托克马男爵的信中充满了他的大女儿在智力和情感上给他带来的快乐。但他没有忘记他的小女儿。他在一封信中写道：“小比阿特丽丝是一个非常有吸引力的、聪明可爱的孩子，事实上，她是我们所拥有的最有趣的婴儿。”他还说：“比阿特丽丝在她的第一个生日那天看起来很迷人，她头戴一顶浅蓝色的新帽子。她非常喜欢她的生日礼物，尤其是一只小羊羔。”

我知道这些只不过是琐碎的家庭生活，但这恰恰正是我把它们从充斥着国家大事的、严肃的信件里挑选出来的原因。

第二十六章

威尔士亲王的美洲之行

精彩看点

来访与回访——有趣的家庭八卦——女王的第一个外孙——威尔士亲王的美洲之行——又一个爱情故事——肯特公爵夫人之死

5月，阿尔伯特亲王回到德国去看望他的家人、他的女婿以及他心爱的女儿。他看到女儿过得很好，感到非常高兴。他在哥达写信给女王说：“附上我从祖母的坟墓上摘的一支勿忘我。”

这个简单的句子表明，他非常深情、执着。这只是一次短期访问，但依然有趣，令人兴奋。然而，正如讲求实际的人所说，那个身体虚弱的、耳朵失聪的老公爵夫人在世时活得太久了，已经“超出了她的用处”，她的坟墓并不“偏僻”。阿尔伯特不需要祖母通过她坟墓上的那朵柔嫩的蓝花轻轻地喊：“不要忘记我，我的天使阿尔伯特！”他永远都不会忘记她。

7月，女王和亲王再次登上他们的游艇，去拜访瑟堡的法皇和皇后。法皇和皇后隆重地接待了他们，就像庆祝盛大的节日一样，燃放烟火，鸣放礼炮。但我对此次接待的记录不及女王陛下的描述那么有趣。他们回到奥斯本后，女王描绘了一幅精美的图景。我觉得我必须在此全文引用：“我们4时40分回到了安静的奥斯本。……

到了傍晚，天气很暖和，四周很安静。亲爱的阿尔弗雷德在码头接我们，别的孩子，包括婴儿，都站在门口迎接我们。我们最喜欢的狗德克尔和我们新近养的一条可爱的达克斯猎犬“博伊”也在高兴地迎接我们。”我喜欢女王把狗也写了进来，这样画面才完整。

女王继续说：“我们去看阿尔弗雷德桌子上的生日礼物，全都与航海有关。……我们和孩子们一起驾车去了瑞士小屋，为庆祝阿尔弗雷德的生日，这间小屋上插满了旗帜。……吃晚饭时，我坐在阿尔伯特和阿尔弗雷德之间。亚瑟和利奥波德这两个小男孩也来了。乐队开始演奏。晚饭后，我们与 3 个男孩和 3 个女孩一起在阳台上跳起了快乐的乡村舞蹈。”

不久以后，女王和亲王去看望他们在德国的女儿。女王陛下将这次会面描述得非常甜蜜。“我们亲爱的孩子站在站台上，手里拿着一个花束。她走进来，我们紧紧地拥抱了很长时间。……我们之间有好多话要说，有好多事情要问。维姬看起来很不错，没有什么变化，还是老样子。”

她从美丽的巴伯尔斯贝格写道：“维姬走过来坐在我的身边。我觉得好像她又属于我了。”

这次访问虽然时间不长，但是非常愉快。普鲁士宫廷对女王和亲王非常殷勤，他们看到他们心爱的女儿也感到自豪和满意。亲王从奥斯本写给他女儿的信中说：“阿尔弗雷德穿着他的新海军军校学员的制服——圆圆的夹克和燕尾服，宽宽的刀挂在腰上，看起来很帅。”之后的那个月，亲王到斯皮特黑德送阿尔弗雷德参加为期两年的巡航，他感到他的家人已经开始分离了。这时，一件引人注目的事发生了，那就是路易·拿破仑与维克多·艾曼纽国王联手对付奥地利的新闻。路易·拿破仑就是那位声明他的帝国要维护“和平”的皇帝。从此人们只能听到乒乒乓乓的打斗声，锋利的刀剑和长矛与农具和镰刀碰撞在一起发出的声音。女王接到了由柏林发来的一封电报，全家人兴奋不已。电报上说王储和太子妃的儿子出生，母子平安。维多利亚女王为自己当上外祖母而自豪，我想，比她后来成为印度女皇还要自豪。

1859年5月，维多利亚女王生日时，太子妃访问英国，全家人都非常高兴。女王写道：“亲爱的维姬是一个迷人的伴侣。”她以前提到爱丽丝公主时，写道：“她很好，通情达理，友好温和，对我真是一种安慰。”母亲们懂得这句话的分量——“对我真是一种安慰。”太子妃发现变化最大的是婴儿比阿特丽丝。她回家后，她的父亲经常在给她的信中说起她的这个小妹妹。他说：“比阿特丽丝每天都在进步。当她跌倒时，她就会迷惑地叫道，‘她不喜欢！她不喜欢！’真是太滑稽了。早餐前，她走进来，眼里满是泪水，呻吟道，‘宝宝一直很调皮，可怜的孩子太调皮了！’就像是人们抱怨自己生病了，或者睡眠不好时那样。”同年晚些时候，亲王写道：“爱丽丝的表现令人自豪，她是她母亲的好帮手。海伦娜非常出色，小亚瑟为人和蔼，朝气蓬勃。”

11月，威廉王子和他的王妃来到英国。这位慈爱的父亲写道：“维姬已经长大了，但她仍像个孩子。确实，孩子就是天国。”提到威廉王子，他说：“他让我们很快乐。”当时一切都很好。大约在这个时候，他提到他的女儿爱丽丝时说，她已经成为“一个漂亮的年轻女子，体型非常优美，举手投足非常优雅，是家里所有人的帮手。”这种赞美是多么宝贵的财富啊！

1860年7月24日，女王在日记中有个有趣的记录：“我们坐下吃早餐时，收到了弗里茨发来的电报，告诉我们维姬在8点10分生了个女儿，母女平安！这多么令人高兴啊！孩子们高兴地跳来跳去，每个人都非常高兴，心怀感激，一颗悬着的心终于落了下来。”

亲王明智、周密、温柔而机智地给他的女儿写了一封信。这封信中有一段关于他的玩伴比阿特丽丝的令人着迷的话语。他在谈到他的小外孙女时，说：“小女孩一定惹人疼爱。”他补充道：“小女孩比男孩漂亮多了。我建议你以她的姨妈比阿特丽丝为她的榜样来教育她。那位优秀的女士现在忙得不可开交。当我们要求她做什么时，她总是说，‘我没有时间，我必须给我的外甥女写信。’”

海伦娜公主与哥哥阿尔弗雷德王子（弗朗茨·克萨维尔·温特哈尔特绘）

威尔士亲王在第一个小外甥女出生后不久首次认识了新世界。他去了美洲，去参观那片有一天将成为他的领地的广阔土地。可能成为他的领地的这片土地原本更为辽阔，可是有一天，他的曾外祖父乔治三世和他的大臣们像“阿拉伯之夜的娱乐”中的轻率的航海者，在“一头鲸鱼”的背上点了一堆火，他们还以为这是一块“坚实的土地”呢，结果这个庞然大物突然“动了”，把他们和他们的“商品”都扔到了海里。王子是一个年轻的小伙子，他受到了忠诚的加拿大人的热情接待，加拿大人从心底里喜欢他。我相信我们美国人也对他非常好。他在美国玩得很开心，在东部城市与漂亮女孩跳舞，在西部平原上射击土拨鼠。我想我们在款待亲爱的英国女王的儿子时并没有做过头。因为当时我们还有其他事情要忙，那就是我们要举行一场重要的总统选举，即选举亚伯拉罕·林肯当总统。

我们在我们的首都为他举办了一个舞会，让他参观了专利局和华盛顿的坟墓等。布坎南总统在白宫允许的范围内，慷慨地招待了他。他后来还给维多利亚女王写了一封非常正式的信函，为她的儿子兼继承人的令人着迷的行为举止而祝贺她，称王子为“美丽国度的期望和玫瑰”。女王非常优雅而感激地回复他，并称呼布坎南先生为“我的好朋友”。根据皇家规则，她能做的也只有这么多。我们伟大的美国——算上被兼并过来的古巴和墨西哥会更大一些——选举的临时统治者，不能指望被出生在帝王之家的、加冕的和受膏者的君主，甚至是有统治权的王子或大公，称为“我的兄弟”，永远不要期望被他们拥抱或亲吻，即使摩纳哥王子、三文治群岛国王或马达加斯加女王也不会。对此，我们必须坚信不疑。

1860年初秋，女王、亲王和爱丽丝公主又去德国看望他们的亲人。这是女王最后一次陪亲王回到他心爱的祖国。见到自己的外孙他们非常高兴。我也希望他们看见自己的外孙女也很高兴。女王写到男孩威廉时说：“这个可爱的小家伙。……他是个很漂亮、很胖的孩子，白皙的皮肤很柔软，肩膀和四肢非常纤弱。他的小脸蛋非常可爱。……他长着弗里茨的眼睛和维姬的嘴巴。他卷曲的头发非常漂亮。”后来，她写道：“亲爱的小威廉每天早上都来到我身边。他是如此可爱，如此聪明。”

我相信这位可爱的外孙就是给女王生了第一个曾外孙的那个的“小可爱”。

亲王在科堡差点儿被飞奔的马撞死。这次事故把女王吓坏了。亲王化险为夷，她高兴得无以言表。在美因兹，女王在她的日记里谨慎地写下了一个家庭秘密。在黑森-达姆斯塔特的查尔斯王子与公主来访期间，他们已经决定，为了让年轻的路易王子更好地了解他已经非常欣赏的爱丽丝公主，应该让他到英国来。因此，一切都安排好了，为这对情侣铺平了道路，在这种情况下，他们将会非常幸福，就像平常生活中常见的婚姻一样。

第二年十一月，阿尔伯特亲王在温莎堡写信说：“黑森的路易王子来到这里。两个年轻人似乎喜欢彼此。他很纯朴，很自然，很坦率，而且非常有男子汉气概。”

第二天，女王在日记本里草草写下了这两个年轻人订婚的故事，同时揭示了年轻时的浪漫爱情在她的心里是多么清晰：

> 晚饭后，当我和男士们谈话时，我看到爱丽丝和路易比平时更认真地在壁炉前说话。当我走进另一个房间时，他们两个人都向我走来。爱丽丝激动地说，他向她求婚了，而他则请求我的祝福。我握着他的手，说“当然”，并说稍后我们会在我的房间见他。我们尽量平静地度过了这个傍晚。爱丽丝来到我们的房间。……阿尔伯特派人去请路易到他的房间，然后又叫爱丽丝和我进去。……路易有一颗温暖、高贵的心。我们拥抱了我们亲爱的爱丽丝，并赞扬了她。他紧握着我的手，然后我拥抱了他。

女王是对的，因为她从来不会看错人。她一直特别喜欢这位女婿，因为他是一位和蔼可亲、气质高贵、修养卓越、能力超群的王子。虽然他稍逊于阿尔伯特亲王，

1861年的爱丽丝公主（弗朗茨·克萨维尔·温特哈尔特绘）

但他的确是个罕见的人才。

这年的圣诞节，女王的两个大儿子也回到家里，他们有讲不完的奇怪的异乡故事。不久后，威尔士亲王去了剑桥，而阿尔弗雷德王子则回到了他的船上。在那次航行结束之前，一片波涛翻滚的黑暗大海将这个水手和他父亲分离了。

1861年2月9日，阿尔伯特亲王写信给斯托克马男爵说："明天将是我们第21个结婚周年纪念日。尽管有不少风暴席卷了它，但它仍然保持着绿色和新鲜。"周年纪念日是在星期日非常平静地庆祝的，庆祝活动主要是晚上演奏一些神圣的乐曲。人们当时还没有认识到这种音乐的恰当性。亲王给肯特公爵夫人写了一封非常甜蜜的信，只有少数已婚男人会给他们的岳母写这种信。信中说："……根据法律，今天我们的婚姻已经成年了。无论情况好坏，我们忠实地坚守着我们的誓言，感谢上帝赐予我们如此多的幸福。恳求上帝在未来的日子里继续赐予我们幸福！我相信，你觉得我们是善良可爱的孩子，这些年我们也从你那里获得了爱和友善。"

这位亲爱的"妈妈－姑姑"在一段时间里健康状态一直不佳，有一两次病情非常严重，但她的身体似乎好了一些，她的医生一直在鼓励她。但是3月12日，女王和亲王突然非常震惊地收到她旧病复发的消息，让他们赶紧到弗罗格莫尔来。他们立刻从伦敦出发，全速前进。

女王说："这段路似乎太长了。"当他们到达时，女王写道："阿尔伯特先上楼了。当他回来时，泪水满眶，我立刻明白了等待我的是什么。……我的心颤抖着。我走上楼梯，走进卧室，我亲爱的妈妈斜靠着垫子坐在沙发上，吃力地喘着气。她穿着丝绸睡衣，戴着帽子，看起来很漂亮。……我跪在她面前，亲吻她的手，然后把她的手放在我的脸颊边。尽管她睁开了眼睛，但我想，她并不认识我。她突然推开我的手。我第一次意识到一个可怕的现实，她不认识她曾经温柔地、微笑着看护的孩子了。"

女王对她一生中最大悲痛的进一步描述，是极其哀伤，极其生动的。这就是悲伤的诗意所在。可惜我不能把它完整复制下来，也不能把她在日记中叙述的无法估量的损失讲述出来。她叙述时她的心狂跳不已。这太令人伤心了，她的伤心无法言传。在这些叙述中，有一些段落非常自然，特别动人。当一切尘埃落定后，这个可怜的女儿试图通过想象她善良的母亲终于摆脱了病痛来安慰自己，但是她的内心还是会哭出来："但是我——这个可怜的孩子，失去了我如此深爱的母亲。这40年来，我们从来没有分开过，除了短短几个星期的离别之外。我的情况是什么？在我童年时，一切都来得那么突然。……多年来，我一直对这种想法感到恐惧，不停地与它搏斗，但是它已经来到，我必须承受。……唉，如果我在过去几周陪在她身边，该多好啊！我是多么怨恨我不在她身边的每一个小时啊！……幸好我们星期二去看望她了。临别时，她的祝福，她温柔甜蜜的微笑，将永远烙在我的记忆中。”

其间，阿尔伯特亲王与孩子们，特别是亲王，非常同情和关心女王。阿尔伯特亲王与她一起哭泣，充满了慈爱与体贴，努力安慰她。

虽然女王的悲痛可能有些过度，因为她对母亲的爱是无法衡量的，但亲王对她非常有耐心，尽管他在公爵夫人葬礼后的几个星期从奥斯本写信说：“她（女王）深感悲痛，她感觉童年又浮现在眼前，历历在目，非常生动。她极度悲伤……在过去的两年里，她一直关心她母亲，极力让她母亲过得舒服些，这对她的性格的影响是非常有益的。虽然她很紧张，但是她的身体很好。她大部分时间都在独处，但是孩子们总是在打扰她。”

这是多么真实啊！当人的生命中的第一份爱恋突然被连根拔起时，所有后来生长出来的东西，无论多么强壮，似乎都与它同时被撕碎了。母亲走了，只留下孩子一个人。虽然维多利亚自己是一位温柔的母亲和一位爱丈夫的妻子，但现在她只是肯辛顿和克莱蒙特的那个小女孩。她的小床还在她母亲的床边，但她却发现母亲的床是空的，永远空了！因此，在她第一次感到她失去了母亲时，她说：“我似乎已经走完了一生，我已经老了。”

晚年的肯特公爵夫人（弗朗茨·克萨维尔·温特哈尔特绘）

我们可以说，由于第一次悲伤的到来，女王的青春也随之逝去，因为只要她的母亲活着，女人就会青春永驻；只要她可以把疲惫的头埋在母亲的膝盖上，或者把沾满泪水的脸贴在母亲的胸膛上，少女时代的某些东西，甚至是童年时代的某些东西，都会在她的生活中挥之不去，因为这是远离生活的考验和疲惫的最甜蜜、最宁静的避难所。

由于女王陛下的姐姐菲奥朵拉竭力安慰她，她亲爱的女儿维多利亚也立刻来到她身边陪伴她，她的人民为她流泪，为她祈祷，于是她在安静的、与世隔绝的奥斯本慢慢恢复了快乐。然而，过去的那种喜悦和满意再也回不来了。孩子们这些年生活得非常快乐，但是他们发现一些甜蜜和舒适的东西现在已经从生活中消失了，从宫殿、城堡以及海边的公馆，到舒适的弗罗格莫尔，家的温馨甜蜜也随着“外祖母”一起消失了。直到那时，也许他们才知道她对他们意味着什么，拥有她如此温柔和放纵的爱是多么幸福的一件事啊！然而，变老是家庭完整性的必要条件。即使卑微如我们，也经常意识到这一点，我们不明白，坐在一把旧扶手椅子里的安静的老人是如何给家里带来尊严和宁静的，直到生命结束的那一天到来，直到满头银丝的老人离世。

Queen Victoria

第二十七章 阿尔伯特亲王辞世

精彩看点

阿尔伯特亲王的身体每况愈下——阿尔伯特亲王最后一次去巴尔莫勒尔——英国处理“特伦特”号轮船事件时阿尔伯特亲王影响了英国对美国的政策——英国对于美国蓄奴制的态度的奇怪变化——阿尔伯特亲王辞世

这段时间，焦虑的女王悉心地照顾着母亲，而母亲的去世使她非常痛苦。祸不单行，亲王的身体也一日不如一日了，思维也不如以前那么敏锐活跃了。实际上，他的活力一定是在生病之前就消耗殆尽了，否则他就不会轻易放弃，永远休息了，尽管他仍然年轻，还有那么多幸福要享受，还有那么多功业要建立。据说他已经预感到自己会早逝，并让女王做好他先走一步的心理准备。对女王而言，如果失去阿尔伯特，打击太大了，她无法承受。尽管阿尔伯特经常感到虚弱无力，但他并没有放松他的工作，因为工作能振奋他萎靡不振的精神。他从来没有失去对政务或他的子女的事务的兴趣。他高兴地为女儿爱丽丝的幸福着想，他的心跟随儿子阿尔伯特·爱德华去访问凶猛的北欧海盗之国，去追求另一个国王的女儿——一个如此美丽、如此清新的公主，她能

与百合比美
与玫瑰争艳。

那个夏天，他的女儿长公主维多利亚与丈夫和他们的孩子再次来到英国，跟女王一家相处了很长时间。另外还有许多其他客人。他们做了很多事情来愉悦女王，但她成为孤儿后的第一个生日还是过得非常凄凉。很快，亲王的生日也到了，这其实是他最后一次过生日，她写信给她的舅舅说："这是最美好的一天，是让我的心充满爱和感激的一天。"她低语着，因为她"亲爱的母亲"无法和他们一起祝他生日快乐了。人心是多么不讲理的东西啊！

然而，女王似乎已经短暂地恢复了幸福。秋天，他们住在巴尔莫勒尔期间，女王突然变得像年轻时一样快乐。她写道："在这里多进行户外活动，看看新鲜而美丽的风景对我有益。"关于他们最后一次高地远足，她说："自从我陷入悲痛的深渊以来，从未享受过什么东西，或者有什么东西能令我如此开心。"

女王非常热爱大自然，她所爱的不是假日时节盛装打扮过的庭园，而是英国的公园、溪流和湖泊。当她置身于充满野性的粗犷、粗糙、简朴、宏伟的大自然，来到沃特·司各特和罗伯特·彭斯笔下美丽的土地上时，尽管女王的日记最后还是布满了"非常悲哀"的阴云，但读起来还是非常愉快轻松的，它散发着石楠、松树和泥炭烟的味道。

从巴尔莫勒尔回来后，亲王的健康状况似乎开始恶

沃特·司各特（威廉·艾伦绘）。沃特·司各特是苏格兰历史小说家、剧作家和诗人

化了。他忍受着风湿性疼痛和失眠，感觉快要接近生命的尽头，死亡之谷的冰冷阴影正缓慢地向他围过来。他仁慈的一生中的最后一项工作是他对美国人特有的兴趣，那就是与女王一起温和地处理特伦特号轮船事件[①]。那段时间在英国的美国人都特别难堪，除非他们是南方人。不过，当我们北方人为了国家的统一而开始我们的战争时，我们悲伤而惊讶地发现，或许大多数英国人同情的是我们的对手。这些人以前坚定而强烈地反对奴隶制，他们曾为消除我们的“民族耻辱”建议我们施行严厉而英勇的措施，然而，他们态度的转变使我们感到惊诧不已。我们不能理解他们遭遇了什么样的道德旋风，使他们转变了立场，站在了梅森－迪克森线[②]的南面一侧。非常奇怪，除了少数几个头脑清楚、立场坚定的“人道的朋友”，如科布登、布莱特以及像兰开夏郡优秀的特工等英雄们，一切似乎都改变了，就连非常著名的人也是如此。在埃克塞特厅，反奴隶制的慈善家们的立场也分裂了，“变

---

① 美国军舰“桑哈辛托”号逼停了英国汽船“特伦特”号，逮捕了两名乘坐“特伦特”号前往英国的邦联使节，英国差点儿卷入美国内战。这就是著名的“特伦特”号轮船事件。——译者注

② 梅森-迪克森线，也译为“梅森-狄克森线”“梅森-狄克逊线”，为美国宾夕法尼亚州与马里兰州之间的分界线。1763年至1767年由英国测量家查理·梅森（Charles Mason，1728—1786）和英国测量家、天文学家杰里迈·迪克森（Jeremiah Dixon，1733—1779）共同勘测后确定。美国内战期间成为自由州（北）与蓄奴州（南）的界线。——译者注

得新奇古怪”，特别是在布尔朗战役[①]之后。后来的事实证明，这对我们而言是幸运的灾难。大多数人都为联邦军的优秀品质——他们的殷勤、热情和勇敢——所折服。在这些讲求实际的革命者登上历史舞台前，那些“道德劝告”的煽动者，北方废奴主义者引起的反响并不大。威廉·劳埃德·加里森[②]的逻辑，弗雷德里克·道格拉斯[③]雄辩的口才，对杰斐逊·戴维斯[④]、罗伯特·E. 李[⑤]和那位优秀的老克伦威尔式的士兵——斯通维尔·杰克逊[⑥]来说，不值一提。议会宣布“奴隶制度毕竟不是太糟

① 布尔朗战役（Battle of Bull Run），1861—1862年美国内战期间发生在弗吉尼亚州的战役。联邦军称为“布尔朗战役”(Battle of Bull Run)，邦联军称为“马纳萨斯战役”(Battle of Manassas)。——译者注

② 威廉·劳埃德·加里森（1805—1879），19世纪中叶美国著名的废奴主义者和社会改革家。加里森拥有一家激进的废奴主义报纸《解放者报》，他身兼该报的主笔和总编。加里森提出了“立即解放奴隶”的口号，他还是妇女解放运动和反对美国排华法案的喉舌。——译者注

③ 弗雷德里克·道格拉斯（1817—1895），19世纪美国废奴运动领袖，杰出的演说家、作家、人道主义者和政治活动家。——译者注

④ 杰斐逊·戴维斯（1808—1889），美国政治家。美国内战期间，他成为邦联首任也是唯一一任总统。——译者注

⑤ 罗伯特·E.李（1807—1870），美国名将，从1862年开始指挥内战中北弗吉尼亚的邦联军队，直到1865年投降。——译者注

⑥ 斯通维尔·杰克逊（1824—1863），美国内战时期邦联将军，也是罗伯特·E.李将军之后最著名的指挥官。——译者注

布尔朗战役（库尔茨-
艾莉森公司印制）

斯通维尔·杰克逊与他的
爱马索雷尔（戴维·拜登绘）

糕”。托马斯·克拉克森[①]令人荡气回肠的言辞——“我难道不是一个男人与兄弟”——中的“我”成了克里斯蒂笔下的混血儿，卡莱尔笔下的“黑人”。在这种一方怀着厌恶之情，而另一方觉得非常心痛的气氛中，一名美国海军军官轻率地登上英国汽船“特伦特”号，抓了英国派往邦联的使节梅森和斯莱德尔，授英国政府以柄，就好像我们美国政府赞成这一公开敌对的行为似的。因此，英国政府似乎已经准备好，急于与美国开战；它不等美国政府道歉，就开始进行广泛的军事准备。这时，美国这艘“大船”的船长是勇敢、头脑冷静的亚伯拉罕·林肯，而舵手是谨慎的威廉·H. 苏厄德[②]，我们不会轻易与英国开战。如果亨利·帕默斯顿勋爵[③]的蛮横要求得逞的话，我们将会颜面无存。如果不是女王和亲王的慎重、礼貌、善意和机智，我们将不得不“忍气吞声”。女王和亲王将那份重要的国书的语气修改得和缓了一些，要

---

① 托马斯·克拉克森（1760—1846），英国废奴主义者。他帮助建立了废除奴隶贸易协会，推动了1807年奴隶贸易法案的通过，该法案终止了英国奴隶贸易。晚年，克拉克森在世界各地争取废除奴隶制，尤其是美洲。1840年，他是反奴隶制协会在伦敦举行的第一次会议的主要发言人，该会议旨在终止其他国家的奴隶制。——译者注

② 威廉·H.苏厄德（1801—1872），美国杰出政治家，亚伯拉罕·林肯执政期间担任国务卿，成为林肯最倚重的内阁顾问。——译者注

③ 亨利·帕默斯顿勋爵（1784—1865），英国政治家，自由党创建人之一。1830—1851年3任外交大臣，1855—1865年两次任首相。“特伦特”号轮船事件期间，他主张向美国宣战。——译者注

求美国正式道歉，并释放英国派往邦联的使节。正是出于这个原因，美国的北方人，我相信还有南方人，爱戴维多利亚女王夫妇，而不是只爱戴女王一个人，愿人们对“善良的阿尔伯特”的记忆长青。

据我所知，文学中没有什么东西，能像女王在自己的日记中对亲王最后一次生病的那些日子的忠实描述那么细腻，那么悲情，那么真挚，那么纯朴。我们可以从她的描述中感受到，在这个过程中，她的心跳随着希望、恐惧、爱与痛苦而变化。这是一个美妙的心理研究。

亲王的疾病最严重阶段持续了大约两周。这是一种体温较低、病程缓慢的热病，起初人们可能会误认为是重感冒引起的发烧。有人告诉我，亲王从一开始就有身体不会康复的预感。他曾很平静地与高贵的女儿爱丽丝公主谈起了他的死亡，他说：“你母亲受不了我说我将会死去。”虽然女王焦躁不安，非常苦恼，有时会惊慌失措，但她还是无法面对即将到来的灾难，不承认亲王宝贵的生命正在耗尽。这种希望和恐惧的交替一定非常可怕。女王的日记表明，一天早晨，她去看望亲王时，发现他看起来很可怜：“他没有微笑，也没有注意到我。他的举止完全不同于往常，有时他看起来非常陌生”。晚上，她写道：“当我与小比阿特丽丝进去看他时，他吻了她。我发现我的阿尔伯特又恢复了他本来的样子，那么亲切，那么温柔。当我让比阿特丽丝给他背诵她写的一些新法文诗时，他笑了笑，然后把她的小手握在他的手里，她站起来看着他。”

一连几天，他希望有人读书给他听。女王和孝顺的爱丽丝公主就给他读他最喜欢的作家的作品。他还要求听音乐，爱丽丝就为他演奏了一些优美的德国曲子。他甚至经常想看到那幅他最喜欢的画——拉斐尔的《圣母玛利亚》。他说：“它能助我度过这一天。”

最后，发烧发展为伤寒，他的肺部充血了，已经没有治愈的希望了，尽管直到最后一个小时他们都抱着希望。现在看来，似乎从一开始，除了非常疲劳，他甚至没有感到明显的痛苦，也没有什么致命的迹象。然而，一天早晨，他告诉女王，当他醒来时，他听到了小鸟在外面叽叽喳喳的声音，就“想到他童年时在罗森瑙听到的那些鸟叫声”。最后一天早上，女王写道，他“开始像过去一样梳理他的头发，然后开始穿衣服”。

在这位可怜的女王看来，他似乎是在“为另一个旅程做准备”，而旅程远比他们曾经一起进行的旅行遥远。在令人悲伤的两周里，他对她的柔情非常感人。这不是为了让她松开她为了留住他而紧紧地抱住他的手臂，而是要给她留下甜蜜的记忆。当他感到疲倦时，当发烧引起虚脱时，他很喜欢他的“亲爱的小妻子”轻抚他。他在无意识的迷雾与神志昏迷的阴影中，努力地坚守着他对她的爱。这种爱体现在他温柔的话语、渴望的神情、

圣母玛利亚（拉斐尔绘），阿尔伯特亲王生前特别喜欢此画

疲倦的微笑和苍白的脸颊上。这是“多么悲惨”，但又多么美丽。即使在最后，当他不认识人时，他依然认得她。她俯身对他低声说“我是你的小妻子”时，他低下头，吻了她。

女王知道她必须放弃所有的希望后，仍然能够平静地坐在他的床边，没有哭泣声打扰那充满爱的、转瞬即逝的灵魂。有时她感到她必须离开房间，去哭一会儿，否则她压抑的悲伤会杀死她。接着她数了一下时间，用祈祷安抚了她的灵魂，然后回到她的岗位。

1861年12月14日晚上，这位受人爱戴的亲王静静地、毫无痛苦地离开了，永远离开了他所保护的家园。他毫无知觉地飘向未知的神秘的海洋，不知道那些爱他的人也跟着他来到海边，也不知道那些思念他的人在他身后，向他张开双臂。

亲王临终时的场景庄严肃穆，比任何饱含悲伤的哭喊更加悲哀。女王跪在床的一边，握住丈夫的手，想用亲吻和眼泪来温暖它；床的另一边跪着爱丽丝公主。威尔士亲王和海伦娜公主跪在床脚。小一点的孩子们或许都在睡觉，没有意识到可怕的天使已经降临城堡。统领温莎事物的欧内斯特王子、秘书、医生和侍从都围在边上，所有的人都沉默了，除了那低低的、费力的呼吸声。呼吸声变得越来弱，越来越慢，然后永远停止了。

有一位知道亲王临死时的悲惨状况的女士告诉我，

女王直到最后都镇定自若；当那双暗淡无光的眼睛闭上后，女王平静地站起来，彬彬有礼地感谢在场的医生。她说，她知道他们用尽了一切办法来挽救她的丈夫，但上帝还是将他带走了。然后，她笔直地走出了那间屋子，悲伤地回到她的房间，并把自己关在里面，让她的灵魂与上帝单独待在一起，从此她的心永远孤独。

啊，我们不会怀疑，尽管这位王室成员的血管里流着很多代国王的鲜血，但当时她也跪了下来，低下了她的头，“因为悲伤是骄傲的，它可以使它的主人屈服。”

女王如此执着地深爱着她的丈夫，对她而言，他比“最高贵的人还要高贵”。她一直都崇拜她的丈夫，所以她的人民非常担心她。他们担心亲王带走了她生命中最美好的部分，这会要了她的命，或使她陷入一种比死亡更悲伤的忧郁。有一段时间她无法入睡。她想到了那个病房，想到了最近病房里的一幕幕场景，蹑手蹑脚地忙碌着的医生和护士，泪流满面的侍从和充满敬畏的孩子们，但现在那里灯光昏暗，悄无声息。她想到了亲王大理石般的身躯躺在那里，看上去那么熟悉，那么陌生，但又那么亲切。这一切都让她全无睡意，必须面对她的悲伤。最后，温莎的公告宣布，“女王睡了几个小时”，连沉浸在哀悼之中的臣民都开始欢呼。

我的朋友克罗斯兰夫人是一位非常忠实的夫人，我之前引用过她的话。她写了一首关于这段时间的女王诗，充满了柔情蜜意，我也忍不住想写几句诗：

睡吧，黑夜已经笼罩了你，
你是君王的后裔。
睡觉，丧偶的女王，白色的天使的翅膀
是你的头顶之上的华盖！

睡吧，当千万祈祷者向他致敬，
他们懂得世间所有悲伤，
都会一天天减弱，
终将融化你杯中的痛苦。

亲爱的女王，祝你长寿，
夜夜安枕，因为欢乐已定。
时间会抚平黑夜的遗憾。
记忆能平静地再现曾经的幸福！

为了我们，祝你长寿。
在希望和恐惧时陪伴我们。
度过许多遥远的未来岁月，
直到你在阿尔伯特的身边醒来！

一想到她深爱着的阿尔伯特，躺在黑暗、寂静、冰冷的皇家墓穴中，女王陛下就会难以忍受，因为阿尔伯特的天性是如此阳光，如此快乐，而且非常爱美。因此，12 月 18 日，她就和爱丽丝公主驾车去了弗罗格莫尔，威尔士亲王、黑森的路易王子和一些王室官员在那里迎接她们。然后，女王由她女儿搀扶着，在令人愉悦的花园里走来走去，直到她找到了一个地方。现在那里矗立着一个富丽堂皇的陵墓，它就像一个昂贵的棺材，因为对她来说，它比她王冠上所有的珠宝都要珍贵。她感到非常开心，因为在母亲肯特公爵夫人深爱的家园里，她生命中最神圣、最爱的两个人将永远相伴。

英国各阶层都在真诚地哀悼亲王，这不单单是为了女王的缘故，也是为了他们自己，因为亲王最终深受这个嫉妒和不信任的民族的爱戴。起初，他们称他为“外国人”；最后他们称他为“天使”。他不是天使，而是一个非常难得的人，一个如此甜美而健康的人，一个如此明智而不偏不倚的人。他的一生如此纯洁而清白，英国人不可能“再看到他这样的人”，即使他的儿子也不例外。

他的一些同时代人虽然承认他高雅的气质，但没看到他的性格的力量，因为他们忘记了帕特农神庙闪亮的柱子可能和佩斯顿黑暗粗糙的柱子一样坚固。我相信在英国皇家历史上，亲王的道德品质是独一无二的。哪个21 岁的优雅、美丽、多才多艺的年轻人曾经忍耐过他所忍耐的一切？曾经完美地抗拒过那么多诱惑？他是诸王子中的加拉哈德[①]。作为一个人，他一定经受过诱惑——不是去过一种骄奢淫逸的生活，而是通过他精细的安排，过一种轻松的生活；通过他高雅的品位，过一种充满了纯粹的艺术和审美文化的生活，对于他来说，这才是他所追求的生活。

我对亲王的评价是基于他自己的话语和作品，我非常真诚地赞美他的话语和作品。英国人民直到现在还爱戴着他，崇敬他的名字，这不仅加强了并且也证实了我对他的评价。另外，英国人因为女王对亲王的强烈的爱而敬佩女王，而且也因此更爱戴她。因此，我认为，

灵魂必须摒弃
所有的弱点与徒劳的冲突，
按照上帝的指引度过悲伤的一生，
这样死后才会被隆重地哀悼。

---

① 加拉哈德，亚瑟王的圆桌骑士之一，亚瑟王第一圆桌骑士兰洛斯特的私生子，被誉为“最纯洁完美的骑士”。——译者注

Queen Victoria

第二十八章

忠仆约翰·布朗

精彩看点

爱丽丝公主的婚姻——女王在巴尔莫勒尔——忠仆约翰·布朗——女王致萨瑟兰公爵夫人的一封信

“现在再也没有人在我身边亲切地叫我‘维多利亚’了”！据说，维多利亚女王曾这样凄切地哭诉。那天，她刚从睡梦中醒来，便看到清冷的晨光投射在枕边，带给她满满的孤寂之感，以及那种失去至亲、独居高位的寂寥和凄清。她高居庙堂之上，在最狂烈的风暴中或踯躅，或前行，但鲜受庇佑。她神圣的悲伤举世瞩目，所以她不能长久地陷入悲痛，而不去承担她应尽的责任。生活中的她不过是一位遗孀和谦逊的家庭主妇，她仍需艰难拼搏，孤独前行，于是她毅然收起泪水，强咽下痛苦，疲惫地处理家事。因国之要事，无人可托，所以过了一段时间，维多利亚便既要处理家事，又要处理国事了。她的一位密友欣喜地发现，与母亲肯特公爵夫人去世后相比，现在的维多利亚处事更加冷静沉着了。对此，维多利亚则轻描淡写地说：“我遵循上帝的旨意，无论悲喜，都要学着接受。”

几年后，比肯斯菲尔德勋爵写了一些维多利亚尽职尽责的细节，从很大程度上真实地描绘了她在守寡头一年里大部分日常生活。比肯斯菲尔德勋爵在一次公开演讲时这样评价：“不管是从国外收到的信件，还是从国内发出的信件，无一不经过维多利亚女王之手。国家的各项事务很大程度上都取决于女王的应允，或者这么说，任何公文上只要署有她的亲笔签名，那就代表女王对这些文件内容了如指掌，并且得到了女王的同意。那些众所周知的内阁会议，常出现焦虑难安的场景，常有至关重要的议题。不过，这些内阁会议一结束，会议的内容就会由首相向女王陛下汇报，他们也往往会收到女王的犀利评论，引起他们极大关注。我可以大胆断言：掌管英国国家事务的人，没有一个胆敢对女王陛下的意见漠然视之，因为直到现在英国还没有哪个人能像女王一样全面掌握政务。”

我看到几件发生在亲王死后第一年里的事。爱丽丝公主在奥斯本静静地出嫁了，她去了她将幸福生活 17 年的德国。她的性格很像她的父亲——或许他们的灵魂已经紧紧交织在一起了。在她最后一场大病时，父亲的逝世纪念日也迫近了，她似乎听到了父亲的召唤，然后像个小孩子一般急着奔向了父亲的怀抱。她在亲吻一个可爱的孩子时，感染了致命疾病——白喉。正如比肯斯菲尔德勋爵所说，这是“死亡之吻”。

牧师诺曼·麦克劳德记载了维多利亚女王守寡后首次到巴尔莫勒尔时的情景。这位牧师似乎认为，失去了阿尔伯特亲王，维多利亚过于痛苦了。他感受到自己为女王布道的使命感，正如他自认为的那样，“以上帝的明智，我相信这就是她所需要的，尽管我知道让她接受这一切很困难。”但她却欣然接受了，并给牧师写了一封“友好地表达感谢之情的信”。后来，她召这位牧师进宫，命他来到自己的房间。诺曼写道：“她独自一人，脸上布满了难以言说的悲伤，看得我不禁为之动容，眼里也蓄满了泪水，而她则说起了亲王的事……她说亲王很优秀——她谈起他的友善、他的快乐以及他就是她的一切。她说她不愿闭目回忆，而是喜欢睹物思人；她自问从未推卸责任，但如今只不过是机械完成任务而已；她对纯洁和爱的高尚思想都源于他。然而，或许上帝不满于她的爱，于是将他从她身边夺走。”

不，我们不能说上帝妒爱，它并不是这样的，总有一小部分人在布道时，喜欢说“善妒的上帝”；或许我们过于悲伤反而不能取悦万物之主，因为在它眼中，我们所谓的死亡，却是不朽的花环和冠冕。

在我看来，女王对亲王满怀爱意的称颂，于她母亲而言，似乎略显不公，她的母亲恪守教规，为她树立了榜样，使她拥有单纯的秉性和强烈的责任感。母亲的美德使她在充满活力、阳光四射的少女时代免受诱惑；使她在成年时期经得住考验和悲恸；使她在最严酷的考验到来之际振作精神，将破碎的心黏在一起，化悲痛为动力。

巴尔莫勒尔——这所美丽的山间寓所，完全是她丈夫的杰作——现在这里对于女王真是无比珍贵，让她为之着迷。她在那里的生活从一开始就如同田园诗一般，风景如画，简约朴实。

他们周围的高地人虽然尚未开化，但都自豪而骄傲，他们不需要向女王和她的丈夫卑躬屈膝。和他们在一起，高地人也学会了尊重和仁爱。他们将自己家里的东西拿出来，给了那些社会地位比他们高的人。他们给维多利亚和她的家人的更多，将满腔的爱都忠诚地奉献给他们。尊贵的女王陛下走访了穷苦的佃户，像是普通人家的妻子那般，用一种真实、善良的方式探访民间疾苦；出于美好的苏格兰风格和高地人的骄傲，他们会一直保持谦恭的姿态，不会因为和她的相熟而冒犯她，更不会曲意逢迎而使她震惊。翻开女王的日记，我看到的只是一位去一些小屋拜访的“可怜的老妇人”。在这里，我选其中两部分内容供读者参考：

“进入农户之前，我们遇到了一位老妇人，她 88 岁了，看上去穷困潦倒。我给了她一件暖和的衬裙，她接过后，眼泪滚滚而下，然后她握着我的手，祈祷上帝赐福于我，这让我深受触动。

“我走进一间小木屋，里面住着一位叫凯蒂·基尔的老妇人，她现在已届 86 岁高龄。她静静地站起来，迎接我们的到来。整个空气里弥漫着一种庄严尊贵的气息。

然后她坐下来纺线。我也给了她一条衬裙。她说，愿吾主耶稣住在你们中间，永远伴你左右；愿吾主耶稣给予你指导，让你免受伤害。”

现在的一些读者对皇家慈善的了解多源于那些描写国王和王后宫廷生活的歌剧，只要他们一声令下，或是赏金无数，或是投资补助，不过诸如此类的认知在看了女王的日记后就会变得可笑了，但“让那些获得法兰绒衬裙的人微笑吧”。

之后，在巴尔莫勒尔拜访这位丧偶的女王时，麦克劳德牧师写道：“晚膳后，女王邀请我到她的房里，进去后我看到了海伦娜公主和伊利伯爵夫人。女王坐下来，用一个精致的苏格兰纺车纺纱，而我则为她朗读罗伯特·彭斯的《汤姆·奥桑特》和《无论何时都要保持尊严》——这些都是她最爱的诗。”

在女王的日记中，我发现她多次提到年轻的高地人约翰·布朗，而且语调很是欢快愉悦。起初他是阿尔伯特王子的侍从，后来便成了她最喜欢的侍从。

这年初，她不幸失去了这个“善良而忠实的仆人”。在日记的脚注里，她对他表达了诚挚的感谢，因为他“很有眼力见儿，会照顾人而且很忠诚”，感谢他在她身体脆弱虚脱的时期，给了她特别的照顾和关怀。他的用心和付出难以衡量。她还这样评价他，“他有着高地人所具有的独立性和民族气概，特别是高地人的简单纯朴和善良无私。”

要说在长达一生的侍奉中有什么让人触动，那就是他时刻不离女王陛下左右，当她面对公众时，他默默守候其后，被人们称为“女王的影子”——女王对他的尽职尽责十分敬佩，非常感谢他的守卫，这使她出席任何活动都能有舒适感和安全感，而这都源于他的坚守和忠诚；现在，这个对女王忠诚而为人知晓的“影子”不在了，我认为，正如女王所做的那样，她应该承认他们之间的“友谊”，甚至是“爱情”——不只是在他的墓前放上一捧花，而是忠实地回忆他，持久地悼念他。他是一名高地侍从，有着简单的高地人的办事风格与言语，而且“无论何时都保持尊严”。要是拜伦能善待他死去的狗波兹旺恩，为它立个纪念碑，那么他没有失去它，反倒更永久地拥有它，而我们的尊重也油然而生，并且不会因时而变。毋庸置疑，我们就能理解女王为这个忠仆而悲伤，因为他 34 年如一日为她默默奉献，尊重她，侍奉她；他是她谦逊的朋友，在女王处理生活中看似简单实则复杂的事务时，她一定会深深地怀念他良好的判断与聪颖的忠告。

正是女王这样的民主深深震撼着美国人。

在阿尔伯特亲王死后的一年里，萨瑟兰公爵夫人给了女王一本装帧精美的《圣经》，来宽慰这位“英国遗孀”。

女王陛下在感谢信中表达了她对自己信仰的忠贞和热忱，她坚信她深爱的丈夫依然伴她左右，也乐于接受

1863 年，约翰 · 布朗与维多利亚女王在巴尔莫勒尔（苏格兰摄影师乔治 · 华盛顿 · 威尔逊摄）

1866 年，约翰 · 布朗与维多利亚女王在奥斯本宫（埃德温 · 兰西尔绘）

1883 年，约翰 · 布朗正在温莎驯狗（卡尔 · 弗雷德里希 · 鲁道夫 · 佐恩绘）

他“看不见的陪伴”。这是她经常阐述的一个信念。这封信是这么写的：

“致我亲爱的公爵夫人：我为你送我的这本《圣经》而感动，因为它出自‘许多遗孀’之手；也为这份礼物里饱含的善意和深情而感动……请代我向那些同为遗孀的姊妹们表达她们的孀居女王的衷心感激之情，她非常感谢她忠诚的臣民普遍给予她的同情。但她最为珍视的是他们对她深爱着的完美的丈夫的赞赏。于她而言，唯一的安慰便是她经常感觉到丈夫看不见的陪伴以及后来他们终将永远在一起的想法。这将目前所有的痛苦与悲伤化为泡影。她们心碎的女王祈祷伟大的天父给予众多遗孀们心灵上的慰藉和支持……相信我，你们最爱的，维多利亚。”

据说，史坦利牧师讲了一个非常动人的小场景，这是他从菲奥朵拉公主那里听说的。原来，女王陛下有很长一段时间都习惯在每天早上去看看阿尔伯特亲王示范农场上的奶牛，因为“他（亲王）一直都是这样做的”，或许她觉得这些温顺的小可爱们会想念他呢；在它们那傻傻的大脑袋里的某个地方，可能会想着它们的朋友究竟在哪里，为什么还没有来呢？公主还说，她可怜的妹妹发现自己现在唯一的安慰就是相信她的丈夫的灵魂陪在她的身边——因为他曾那样许诺过。

Queen Victoria

第二十九章 加里波第访英

精彩看点

亚历山德拉公主到达英国——与威尔士亲王大婚——加里波第访英——女王守寡后第一次公开露面——路易丝公主的婚姻——威尔士亲王的疾病——爱尔兰的不满——加菲尔德总统患病期间女王的慰问

1863年3月7日，整个伦敦，几乎是整个英国，人们都对亚历山德拉公主从丹麦来到英国与威尔士亲王大婚而欣喜若狂。萨瑟兰公爵夫人的儿子罗纳德·高尔勋爵在他的《回忆录》中详细描述了亚历山德拉公主到达伦敦的情形以及3天后在温莎举行的婚礼。他说："或许自那天人们在巴黎杜伊勒里宫的花园里为玛丽·安托瓦内特欢呼以来，没有一位公主仅仅因为她的优雅端庄的外貌而受到人们那么热情的欢迎，或者能如此迅速地赢得了数千人的心。"书中生动地描述了耐心等待的人群。那天天气无比寒冷，为了能见到亚历山德拉公主那张亲切可爱、百看不厌的面孔，人们冒着严寒，等待了几个小时。最后，一辆四轮敞篷马车在一小队警卫的护送下驶来，年轻的丹麦公主和阿尔伯特·爱德华殿下坐在里面，看起来非常高兴。公主面色红润，她那张微笑着的迷人的面孔温暖了所有的人，也赢得了他们的心。因为那个季节鲜花稀少，无法为她撒下一路的花瓣，有的只是赞颂鲜花的诗篇。我并没有忘记丁尼生的优美颂歌，但是克罗斯兰夫人的问候同样高贵甜美。克罗斯兰夫人的那首诗虽然不是最有力的诗篇，但却最为动人。诗是这样的：

> 她来了，
> 将成为英国带着皇冠的寡妇[①]的孩子，
> 因为那个人[②]不再牵着她的手，
> 她的权杖更加沉重。

女王认为自己不能参加婚礼仪式，所以她从圣乔治教堂的皇家美术馆中俯瞰这幕壮观的快乐场景。当时，是萨瑟兰公爵夫人最后一次侍奉她。无论是她的加冕仪式，还是她的婚礼，萨瑟兰公爵夫人都一路相伴。现在，他们都成了寡妇。这一刻，她们一定在哀伤地回忆往事。除了德国的太子妃和爱丁堡公爵，女王的孩子们悉数到场，包括小比阿特丽丝在内。据说新娘“看起来非常可爱，从走进教堂到从教堂里出来，她都几乎没有抬眼看人，一直依偎在丈夫的手臂上”。

第一个儿媳由于她的优雅可爱，很快就在女王的心里占有一席之地。我听过一个很不错的小故事，为了减轻女王陛下的悲恸，她试图说服女王由她重新设计制作她的帽子，她之所以这样做主要是为了驱散女王心中的

① 指孀居的维多利亚女王。——译者注

② 指阿尔伯特亲王。——译者注

1863 年，丹麦公主亚
历山德拉来到英国（亨
利·纳尔逊·奥尼尔绘）

新婚后的亚历山德拉公主（弗朗茨·克萨维尔·温特哈尔特绘）

哀愁。不过，女王看穿了她的小把戏。她哀伤地摇了摇头，但她还是戴上了帽子。

之后的一年，伦敦人对加里波第的崇拜更加狂热。他的热情的崇拜者几乎围攻了年轻的萨瑟兰公爵接待他的斯塔福德宫。罗纳德·高尔勋爵非常生动地描述了那次记忆犹新的访问和大众的兴奋。

这位意大利英雄走进了那座美丽的宫殿，那里有许多贵族正在等着接待他。他穿着深灰色的大衣和裤子，头戴一顶猪肉馅饼状的大帽子，红色的法兰绒衬衫上打着一条黑色的领带。他着装风格一成不变，因为倘若他穿着英式晚礼服，他就不再是加里波第了。罗纳德·高尔勋爵写道，他热爱自由的高贵的母亲非常喜欢他们的这位客人，但没有说她喜欢的程度，这令男仆和女佣们非常震惊。一个女仆曾经给一位客人讲过一个关于“意大利土匪”的奇怪习惯的感人故事。“哎呀，夫人，”她说，“他长相平平，起床特别早，然后就在花园里到处走动。一天早晨6点，我从窗口望出去，他在那里走来走去，我们公爵夫人正在和他一起散步聊天！”

女王守寡后的第一次公开露面是在1866年的议会开幕式上。我不知道她在过去幸福的时光里为阿尔伯特亲王准备的那把华丽的椅子，是否还被留在原地。那把金灿灿的椅子会眩晕她的双眼，而她的心也会被这把空荡荡的椅子刺痛。我不知道那把椅子是留在原地，还是被搬走，哪个会使她更加伤心。但是每个悲伤的寡妇都知道看看自己丈夫以前坐的椅子是什么感觉。无论它是由粗糙的未上漆的木材和蒲草匆匆编织而成的普通椅子，还是有金色天鹅绒垫子的国王宝座，都不重要。重要的是这是他的座位，但是他却已离去！那一天，维多利亚女王一定感觉到了她虽身居高位，却是那么孤独，她一定想像康斯坦斯一样大声疾呼："我悲伤地坐在这里。"

布洛姆菲尔德夫人讲述了她第一次看望孀居的女主人的感人情形。近20年来，她非常乐意而自豪地侍奉着这位女主人。真正的侍奉是精神上的，尽管这种行为可能只是和她一起歌唱，或每日递给她一束鲜花。她写道："女王的变化很大，她看起来那么悲伤，可是脸上还带着最温和、最仁慈的微笑。即使眼泪滚落她的脸颊，她也努力微笑。"我想大概就是这个时间，女王向我们展示了画家专门为乔治·皮博迪画的女王肖像。这幅肖像是女王为感谢他慷慨地为伦敦穷人设计住房而特意命人为他画的。我相信这幅肖像画一定上了釉。我不认为这是一幅理想的画作，画这幅画时，画家充满敬意，非常忠诚，画得也很细致，但是它并不怎么传神，没有画出时间和悲伤留下的痕迹。当这幅画在费城展出时，我专门描述过它。我说："除了一个令人感动的悲伤的表情外，这张脸就像我15年前从上议院美术馆看到的那张脸。它们有同样丰满的轮廓，只是'更丰满一些'，漂亮的肤色几乎同样清新。柔软的棕色头发稀少了些，但颜色没有变化；清澈的蓝色眼睛看起来同样坚定。整个人透着一种帝王般的坚强。脸上的表情可能是高兴的，但却没有幸福感。这就是一种孤独的状态和寡妇的形象。玛丽·斯图亚特的帽子很适合女王陛下，但是黑色的衣服却破坏了画像的独特效果。脖子和胳膊都像年轻时那么丰满圆润，画得极为细腻。已故的吉布森先生制作过好几尊女王雕像，我记得听他说过，在雕塑或绘画中，他忠实于作品主人公的实际，不需要美化她的胳膊或胸部，因为它们真的非常美。”

1868 年，女王不幸失去了她的“最亲爱的公爵夫人”——霍华德庄园最显赫的女人萨瑟兰公爵夫人。她毫无知觉地漂浮在拍打着宁静的棕榈岸边的波浪上，她临死前说的最后一句话是：“我想我现在应该睡觉了——我太累了。”

1871 年 3 月，路易丝公主以真正的皇家排场，带着以往生活的愉快，在温莎的圣乔治教堂嫁给了洛美侯爵。

据罗纳德·高尔勋爵说，新娘“面色苍白，但她和平时一样漂亮”。威尔士亲王、她的伯伯科堡大公[①]等人陪伴在她身边，令人们惊喜的是，女王，她的母亲，也陪伴着她。新婚夫妇去克莱蒙特度蜜月了。他们驱车离去时，“大米和白色绸缎拖鞋随后被送来了，约翰·布

① 也就是阿尔伯特亲王的哥哥欧内斯特。——译者注

朗还扔了一把新扫帚，这些都是高地的风俗。”

看到女王再次出现在伟大而欢乐的世界中，人们感到非常安慰。他们原以为她永远不会再参加社会活动了。当她和她心爱的人一起走进“死亡之谷”时，她独自一人勇敢地爬了上来，但她带来了死亡之谷的阴影，这个阴影包围了她，把她从她的臣民，甚至从那些深爱她和同情她的人那里夺走了。现在他们鼓起勇气，相信女王终于走出了哀伤，白金汉宫将会焕然一新，一切都会像过去的那些美好日子一样继续下去。然而，她不再统治他们，将永远不会再统治他们。似乎治理国家的责任对她来说太重大了。

是否真的像我听说的那样，伦敦的空气对她来说是有害的，让她的头疼得厉害，或者看到她的童年生活场景、她刚当上女王时的场景以及她的婚姻生活的场景，她难以承受，最主要的是，她心痛——这我就不得而知了。但不可否认，女王更喜欢除白金汉宫外的其他宫殿。只因她要处理国家要务，她才会来到白金汉宫。这对于伦敦的商人和寻欢作乐的人来说太难了，他们认为女王陛下太不节制她的哀悼了，并怀疑他们的妻子是否会为他们哀伤这么久。试想，当她在位第一年时，美丽又任性的维多利亚对墨尔本勋爵说：“如果一个女王不能随心所欲，那么当女王又有何用！”她的臣民大笑着为她鼓掌。当然，这么多年繁重而琐碎的工作，如此忠心耿耿、勤勤恳恳、恪尽职守地劳作，没有使她失去拥有自己的思想的权利，或坚持这种思想的意志。

近几年来，我见过女王陛下五六次。有一次，她坐在华丽的马车上，在警卫的护送下，行进在去议会休会的路上，后面跟着华丽的车队，一切看起来都那么华丽。所有的皇室马车都那么绚烂。马车里坐着非常漂亮和受人尊敬的人，她们并没有特别骄傲或得意扬扬的神情。女王穿着一件貂皮的斗篷，戴着钻石的头饰，还有一层云彩般长长的面纱从她的脸上向后飘扬。那天她的表情非常愉快而亲切。但她变了，她当然变了，看起来更加老成持重、更加威严了。当她微笑时，效果非常神奇，她的脸上闪现出她年轻时的风采，和过去一模一样。那是他初识她时的表情。

有几次，当她的马车在一个花园聚会的日子穿过马尔堡宫的大门时，或者参加完聚会后，她的马车穿过公园，飞快地从城市里逃走时，我瞥见了她。有时候，她会致意，微笑，仿佛为人民的欢呼而高兴；但在其他时候，她的头几乎一动不动，表情非常严肃，看上去疲惫不堪。这证明，一个女人可能有许多世俗的东西，许多珠宝，天鹅绒长袍，成堆的印度披肩，五六座漂亮的府邸，每座府邸中还有一个王座，但有时却会觉得这种短暂的生活是“一切皆空，令人沮丧的”。

虽然女王没有与法皇和皇后保持亲密关系，但看到他们和他们的儿子由于法国和普鲁士之间的战争完全被毁，仍然感到震惊。她不想同情他们，但当受到惊吓的可怜的难民欧也妮皇后扑到她温暖的怀抱，哽咽着说“我过去太喜欢战争”时，她给法皇提供了庇护所和墓地。

我不知道法国是否会要求将他的骨灰埋葬在荣军院的穹顶之下，但他已经在巴黎的塞纳河堤岸上竖起了一块最壮丽的纪念碑了。看到那些庄严的建筑物和巨大的桥梁，人们就会想起他，通过每年在林荫大道上种植法国梧桐来更新这种记忆，那些长长的绿色通道，比恺撒的军用公路更壮观。

1867 年，威尔士亲王病倒了，他得了那种夺走他父亲生命的可怕疾病。不仅是皇室为此感到非常焦虑，全世界所有的英国人都感到焦虑。不久，其他国家也开始同情他。不仅所有的基督徒开始为他祈祷，乞求上帝保护那个宝贵的生命，就连犹太教徒、伊斯兰教徒和佛教徒也开始为他祈祷。传教士在异教徒的土地上，在基督教城市的异教生活区为他祈祷。在公海上，当船长说“为病人祈祷”，也就是为他们“快要病死”的亲王祈祷时，水手们积极响应。古老的英格兰的力量，“日不落帝国”的想法，与这么多祈祷者相比，是多么悲壮啊！这在英国历史上史无前例，这在我国历史上，在加菲尔德总统患了致命疾病的心碎时刻之前，也是绝无仅有的。啊！这么多民族，这么种语言都在热烈祈祷，并向上天保证，那个人的生命及所有的善行都是有价值的。

这种漫长而悲伤的焦虑和危险使女王走出了哀伤。她坐在床边温柔地守护着自己的儿子，当他醒过来时，她走到圣保罗大教堂感谢上帝。她坐在他的身旁，帽子上戴着一朵白花，她感激的微笑表明，她的哀悼中有一道裂痕，上帝的阳光从中照射进来。

罗纳德·高尔勋爵引用了他妹妹威斯敏斯特公爵夫人在一封信中对威尔士亲王和王妃的描述，因为她大概在这个时候看到了他们。她说："他（威尔士亲王）瘦多了，头发都剃光了，但是脸上没有什么变化，看起来心存感激。她（威尔士王妃）看上去消瘦憔悴，但在谈论他时，她眼里噙着泪水，举止温文尔雅。"

他的身体开始恢复，这无疑是"上帝的恩典"。但"上帝的恩典能伴我们一生吗？"

这一年，在芬尼亚会的大规模运动中，爱尔兰的不满情绪非常严重。这种剧变是从社会最底层开始的，他们的领导人中没有一个绅士或雄辩的演说家，但正因为如此，一切才更可怕。正如他们所说，这些粗野绝望的人意味着"交易"。表面上，这一运动受到了压制，但它却在十年或十二年后的惨绝人寰的暗杀中爆发出来，比以往任何时候更加令人毛骨悚然。啊，一定要这样吗？这位令人厌烦的老凯尔·特恩克拉多斯会不会永远静静地躺着死去，虽然压在他身上的山峰总是那么坚实，而且他头顶上平静地散发着烟雾。

我们不禁伤心地问，汤姆·摩尔①、普劳特神父②、洛弗③和利弗④的爱尔兰现在在哪里？恐怕已经所剩无几，还不足以为布西科先生提供一部新剧的素材。唐尼布鲁克市集已经让位于午夜时分的阴谋。除了“守夜”之外，所有的欢乐的老习俗——从猎捕狐狸到围捕地主——都消失了。那里的农民生活有时看起来充其量不过是一个延长的“守夜”。

我想现在已经太晚了，但我可以想想，如果女王几年前在爱尔兰的基拉尼，或可爱的威克洛，抑或都柏林，修建一座宫殿，并每年住一段时间，事情可能会更好。当她经常访问那个“苦难重重的国家”时，她在那里很受欢迎，这证明了她的温柔和母性可能会比任何“胁迫法案”产生的影响更深远。她在那里花掉的钱，只不过相当于从她的桌子上掉下来的面包屑，但对那个贫穷的民族来说，确实是莫大的恩惠。

这部芬尼亚会闹剧最后的可怕场景是，元凶被绞死

---

① 汤姆·摩尔（1779—1852），爱尔兰著名诗人、作曲家、歌手、小说家和历史学家。——译者注

② 普劳特神父是爱尔兰幽默作家和记者弗朗西斯·西尔维斯特·马宏尼（1804—1866）的笔名。——译者注

③ 洛弗，全名塞缪尔·洛弗（1797—1868），歌曲作家兼小说家，肖像画家，擅长微型画。——译者注

④ 利弗，全名查理·詹姆斯·利弗（1806—1872），爱尔兰小说家，是位讲故事的高手。——译者注

以及克勒肯维尔爆炸。绞死这些芬尼亚会成员，应该是最后一次实施使公众看热闹的绞刑，因为很快通过了一项法令，规定未来所有的死刑都严格保密。对女王陛下的臣民中的某个阶级而言，这项法令最不得人心。政客和朝臣们，无论男女，都激烈地讨论了该项法令，并严厉谴责它，认为这侵犯了英国自由民的神圣不可侵犯的权利，也是对英国宪法的一个打击。

1874 年，迪斯雷利先生成了首相。比肯斯菲尔德勋爵于 1880 年去世，女王深深地哀悼他，她非常重视他，视他为朋友，并认为他是个天才而且钦佩他。虽然他是一位杰出的小说家和著名的政治家，但我所知道的他的最佳品质是他温柔地爱着他的妻子，感激他忠诚的妻子，以及为她的去世而悲伤。他可能已经将一个美国丈夫古雅的墓志铭刻在她的墓碑上——“想想妻子应该是什么样子，她就是什么样子。”

由于他，议会才通过法案授予女王“印度女皇”的头衔。一些英国人反对这个头衔，觉得这是画蛇添足，有悖于女王的尊严，就像是用次等金属给英国女王的王冠上的“精致的黄金镀金”，用印度墨水给最高贵的英国王室称号“画百合花”一样，然而它没有什么害处。它非但没有伤害到自由派，还取悦了那些印度王公们。

然后，祖鲁战争爆发了。战争带来了令人可怕的灾难，数千名英勇的青年士兵被杀，由于浪漫的历史原因，法国年轻的皇太子也在其中。这对女王来说是一个严重的打击。她试图用她的柔情和同情安慰无法安慰的欧也妮皇后，还让她的儿子们参加了葬礼，以纪念皇太子，因为他几乎是她的家庭成员之一。我只见过他一次，当时，皇家花园聚会结束后，他与他们一起驱车离开。

威尔士亲王访问印度期间，他四处旅行、狩猎。印度人用最华丽的东方风格款待了他。他回国时，将大量的礼物带回了家。礼物多到可以在马尔堡宫办一场大型的东方集市，他带来的动物足以建起一个受人尊敬的动物园。无论走到哪里，他都以亲切直率的方式，使人民向往和平与永葆忠诚。殿下可曾提议去爱尔兰旅游？在那里他可能不会收到这么多珠宝和华美的商品，这么多老虎、蟒蛇和其他小东西，但是去那里会有个很好的广施恩惠的机会，我们懂得：“给予，比接受更有福。”

现在来讲一讲我们美国这段时期的历史，我指的是加菲尔德总统生病、去世的那段时间，英国女王如此和善、如此“温柔和人道”地将她自己和这段历史联系起来。到今天，这种联系让我们在悲痛、羞辱和痛苦中感到一丝甜蜜。1881 年 7 月 2 日，她发出第一封电报，焦急地向我们的部长询问总统的病情。9 月 27 日，她在信里流露出她对“已故总统母亲”的温柔关怀，不到一个星期，她又给洛厄尔先生发了表达同情的电报，并询问最新消息——是祝贺也是吊唁，因为这个“世界的病人”已至

祖鲁军与英军鏖战（查理·埃德温·弗里普绘）。1879 年，英国与祖鲁王国爆发战争。两国在短短半年的时间内，进行了血腥的厮杀。最终，英国取得决定性胜利，祖鲁王国灭亡

法国皇太子之死（法国画家保罗·雅明绘）。法国皇太子拿破仑是拿破仑三世与欧也妮皇后之子。1879 年，在英军中服役的他参加了祖鲁战争，不久战死弥留之际。当一切结束时，她立刻用温柔、同情的话语直接给加菲尔德夫人发电报。这些话语显示了她的伟大：

> 在这可怕的时刻，言语无法表达我对你的深切同情。愿上帝支持并安慰你，因为只有他才能给你安慰。

随后，她给加菲尔德夫人寄了一封亲笔签名的信，想要一张总统的照片。

当时在伦敦的美国人，特别是在总统葬礼的那一天，看到英国举国哀悼，他们永远忘不了英国人的慷慨、全心全意的同情，他们至少部分地受到英国女王的言行的启发。她怀着强烈的兴趣观察着那遥远的死亡之床上“两位天使”之间的悲伤的斗争，她悲伤地关注着这件事，有目共睹，而且应者云集。或许不需要在她的窗口显示悲伤的迹象，这种悲伤很快就扩散到了整座城市，但看到那些骄傲的王室宅邸为了纪念和尊重一位共和国的统治者，表达对没有头衔的“姐妹－寡妇”的同情，放低他们的百叶窗时，感觉有些奇怪，也有些做作。

我们尊重当时所有这些哀悼的场景，从国旗降半旗、丧钟敲响，到小商人关闭商店，以及马车夫的鞭子上的一块黑绉纱；我们对一切心存感激。

Queen Victoria

第三十章　女王子女的归宿

精彩看点

我敬佩女王陛下的原因——趣事——对女王的地位和她的臣民的忠诚的民主思考——女王与才俊的交往——女王子女们的归宿——结束语

我欣赏和赞美维多利亚女王的理由，也许在这本小书中已有充分的表露，但我仍然要简短地回顾一下。首先，是她那坚忍不拔的爱的力量。其次，是她的忠诚——这种品质使她无论在逆境还是顺境都坚定地支持她所爱的人，不怕向死去的朋友致敬，不管他是富贵的王子还是卑微的农民。虽然她高居庙堂之上，但她对于不幸的被流放者的友谊成为他们“在令人厌倦的土地上的巨大的精神慰藉”。再次，是她的真诚。她的诚实使那些她不得不打交道的人怀疑并蔑视虚伪和欺骗。最后，是她的勇气。每次她的生命受到威胁时，她的勇气都充分地展示出来。我不相信还有哪个女人能比维多利亚女王更勇敢。

我还敬佩她对那些才智过人的皇室成员和天才的骄傲与敏感的尊重和细致入微的体贴。这种独特性可以追溯到她小的时候，当时她还是年轻的维多利亚公主，她羞怯地问，她能不能见见诸如摩尔和罗杰斯这样的诗人，以及查理·肯布尔和麦克雷迪这样的演员。托马斯·坎贝尔曾用一件事来证明她知道如何赞美那些诗人。当时，他希望能见证女王的加冕典礼，就写信给马歇尔伯爵说：“教堂里有个地方，被称为‘诗人角’，这意味着那里也有仍然健在的诗人的位置。”因此，他就得到了一张入场券。他热情地赞美了年轻女王的行为，他说：“回家后，出于纯粹的尊敬和崇拜，我决定给她一本诗歌全集。因此，我将书装订起来，并亲自送到亨利·惠特利爵士的府上。当亨利·惠特利爵士了解我的用意时，他告诉我，陛下有个惯例，她不收这类礼物，因为这会强加给她不愉快的义务。我回答道，‘亨利爵士，请对陛下说，我不想觊觎女王领土上的任何东西。因此，我恳求你把书呈现给女王，以表达我作为一个臣民的忠诚。’然而，第二天书又被退回来了。我犹豫着打开包裹。这时，我无比惊喜地发现里面有一张纸条，上面写着女王想要我的亲笔签名。我签名后又把书转交给陛下，不到两天我就收到了这幅精美的肖像版画，正如你所见，上面有陛下的亲笔签名。”

女王是查理·金斯利的朋友，也是查尔斯·狄更斯晚年时的朋友。当她把自己的书《我们的高地生活日记》送给查尔斯·狄更斯时，她说自己是“最卑微的作家”，甚至羞于将书送给他，即使书上有她无价的签名，献给“最伟大的作家之一”。丁尼生也是她的朋友。我读过一则小故事，女王曾去他在怀特岛的住所拜访过他。似乎他没有及时接到通知，或者他在专心写作以至于忘了时间。无论如何他都感到非常惊讶，不得不穿着睡袍和拖鞋，头发散乱地跑出去迎接陛下。试想一下，丁尼生先生的头发比平时更加凌乱是什么样子！当然，大礼不拘小节，女王是不会在意的，但那些仆人该作何感想！

女王年轻的时候，非常喜欢观看戏剧表演，正如我们所看到的那样，她非常尊重演员。雷切尔过去常常特别自豪地向人们展示一只昂贵的手镯，镯子上刻着“维多利亚送给雷切尔”的字样。据说，当美丽的英国女演员华纳太太饱受癌症的折磨，生命正在慢慢逝去时，女王每天都让她的马车载她出去兜风——因为女演员负担不起这样的奢侈。

女王陛下在位时，常常表现出对美国杰出人才的慷慨与欣赏。早在1839年，她就邀请丹尼尔·韦伯斯特和夫人去白金汉宫做客。米特福德小姐当时说，这位伟大的政治家（丹尼尔·韦伯斯特）是她所见过的“最伟大的人”；西德尼·史密斯简洁而不失优雅地称丹尼尔·韦伯斯特为“穿着马裤的蒸汽机”；女王特别殷勤，与他谈了很多，他说她“非常聪明”。女王还对朗费罗，这位最纯洁的诗人，流露出一种近乎崇拜的敬意。我听说，女王非常尊重诗人、学者洛厄尔先生，甚至比对首相更尊敬。啊，他集诗歌创作、学识、敏锐的才智，最重要的是，高雅的幽默于一身；如果亲王在世，洛厄尔也会非常欣赏他，非常高兴与他交往。

艺术家和文人也都积极地赞美女王。与吉布森和莱斯利所讲的故事一样，每个给她制作过雕像的雕刻家，每个给她画过画的画家，都讲到了她的善良、品位和智慧。关于兰西尔，福克斯小姐说："他非常欣赏女王的聪明才智。他认为，女王的才智欧洲任何女人都难以企及。她的记忆力好得惊人，她甚至可以回想起很多年前的演讲中的每个词，可是就连那些演讲者自己都已经忘记了他们演讲时的原话。"

我想，当萨默维尔太太、马蒂诺小姐、伊丽莎白·巴雷特在英国生活、工作时，这话说得太多了。在与她的地位和职业有关的事情上，毫无疑问，无论是在过去，还是在现在，维多利亚也远胜欧洲任何女人。惠灵顿公爵起初认为，他无法和她相处，因为他"不会聊天"，可是最后他喜欢和她谈论最严肃的国家大事。阿奇博尔德·艾利森爵士描述他和女王及阿尔伯特亲王共度的一个晚上时，说："女王积极参与了这次谈话，我很容易从中看出她敏锐的洞察力。从她向周围的人提出的问题来看，她有着非凡的才能，渴望获得信息，思维尤其敏捷。这种能力是与她地位相当的人常常拥有的，但这种能力既是与生俱来的，也是与那个时代一流的人交谈时形成的习惯。"

啊，我想知道，女王陛下是否意识到她有幸与"这个时代一流的人”自由交谈的特权。承认她对政治的兴趣，这已经成为历史事实；承认她政治家的风范，这是大英帝国精心培养的结果，她不担心在英国之外她被称为“一个意志坚定的女人”。

很多人告诉我女王很精明，洞察力了得。最近一位比较熟悉女王的英国绅士对我说：“女王陛下的眼睛像鹰眼一样敏锐，她能看透一切，看透每个人。”这让我想起多年前的一个小故事，一位与我一同旅游的英国人告诉我一个关于女王的短暂的非正式访谈。这个访谈不仅有趣地揭示了女王敏锐的洞察力，而且还揭示了她率直的性格。

向我提供信息的是一位非常有艺术品位的年轻绅士——一个充满激情的电影爱好者。他已经欣赏了伦敦公共美术馆所有伟大的绘画，强烈地渴望能看到白金汉宫里的绘画。由于白金汉宫的绘画并不向公众开放，普通的鉴赏家无法看到那些画。但是后来，他有幸看到了那些画。事情是这样的，他是一个伦敦地毯商人的弟弟，这个商人接到命令去王宫更换新地毯。因此，我的朋友就穿上工人制服，进入皇家领地。他的确通过这种方式混进王宫。王宫前庄严的王室旗帜高高飘扬。当他进入王宫大厅后，他就忘记了他的伪装身份，陶醉于那些绘画中。所以工人们离开后，他仍然待在一个房间里。这时，女王穿着一件朴素的白色连衣裙来到这里，后面跟着她的几个孩子，他们的穿着也很朴素。她走近那个所谓的工匠说："请告诉我，新地毯何时会放入枢密院的房间？"

他觉得，在这种情况下他不能承认他认识女王，于是就回答道："真的，夫人，我说不上，但我会问一下。"女王突然不客气地说："站住，你是谁？我想你不是工人。"

这位先生的脸红了，他向女王简单地解释了一下，实话实说了。

女王似乎很喜欢他的这种小把戏。看到他如此热爱艺术，女王原谅了他，然后又说："尽管你穿着工作服，但我知道你是个绅士，因为你没有称呼我为'陛下'。这些画，你愿意看多久，就看多久。早上好！来，孩子们，我们必须走了。"

我听说一位杰出的美国朋友担心我"将维多利亚女王理想化"。我认为我并没有美化女王。我把美化女王的工作留给了她的英国传记作家和颂扬者。在我的研究中，我碰到了一些令人好奇的、浮夸的赞美之词。这些溢美之词会让智慧女神密涅瓦觉得愚蠢，令尊贵美丽的天后朱诺说"真的有点儿过头了"。我没有指出女王的不足之处，这是真的，因为我没有足够接近"尊贵的女王陛下"，因此我没有发现女王的缺点。不过，我想她一定有弱点，我也希望她有。我认为，所有否认女王的弱点或者在女王流露出任何普通人的情感时感到惊讶的作家，都不尊重女王。在英国，有许多出于忠诚的夸张表达。诸如“优雅的”和“居高临下的”这类措辞司空见惯。我认为真正忠诚的情感是永无止境的，至少对女王来说是如此。当女王陛下在朋友去世时流露出自然情感，或在重大灾难发生时给予受灾者同情，我相信她不喜欢人们将这种事实作为例证。例如，当桑德兰的维多利亚厅发生那场可怕的悲剧时，数百名儿童因被踩在脚下窒息而亡。从宫廷传来的消息说“女王陛下在阅读该消息时哭了”，这似乎让许多人更加悲伤了。这个消息传开后，引起了人们的广泛同情，最后人们可能会觉得，温莎城堡里的那位威严的母亲失去了亲人，而不是桑德兰可怜的心烦意乱的母亲们。为什么女王不应该像其他善良、富有同情心与母性的女人那样为“屠杀无辜”而哭泣呢？她可不是在为自己哭泣。

我记得奥古斯塔·斯坦利夫人去世时，女王参加了她的葬礼，因为她曾是女王陛下的侍女之一。据说女王非常同情这位资历很深的侍女，后来女王还“把她的丈夫领进了那个凄凉的家”。作为朋友，这种行为看来如此纯朴而感人。我知道，在某些人看来，女王的这种做法是“屈尊俯就”。但一个悲伤的人何以能对另一个人屈尊？更何况，那个人是阿瑟·斯坦利？悲哀犹如死亡一样伟大。悲伤的眼泪消除了可怜的人类的所有差别。

在我们伟大的民族承受丧亲之痛时，女王也很同情我们。她的同情程度如果没有超过所有人类，至少是超过了任何皇室成员。那些电报上令人感动的精致措辞，融化了我们的心。但我们不应该感到惊讶，也不应该被征服。那些措辞的确非常优美，但它们是发自肺腑的情感的自然流露。出于礼节，女王只能说这么多，也只能这么说，或者换个说法。她真的太体贴了，还送了花环。我们称它为“女王的花环”，都非常珍惜它。然而，她这样做并没有牺牲自己的尊严，因为她的花将被放在一个伟大的国家的总统的棺材上。更何况他是一位比普通君主更伟大的领袖，因为选举产生的总统要比世袭君主伟大。

当然，因为女王是大英帝国最有趣的人物，所有和她有关的事情，哪怕是细枝末节的小事，都会引起人们的关注，美国人对此很难理解。我在一本名为《王室活动记录》的很漂亮的半官方作品中，找到了一个关于奥斯本邮差的故事，这个邮差曾把他的雨伞借给女王和阿尔伯特亲王，并被告知要到那座大宅子里去取他的雨伞。当他的伞被还回来时，附有一张5英镑的钞票。我没有从中看到什么特别值得注意的事，除了一位值得尊敬的人借用的一把伞以及及时归还的事实。不过，这张5英镑的钞票对这个邮差来说非常珍贵。

再说几句有关女王的孩子们的事作为结束语。她有许多孙辈，可以说她是个“有福之人”。[①]

德国太子妃维多利亚非常漂亮，她有着独特的德国面孔[②]，小时候，她的脸“像苹果一样圆”。她很聪明，特别擅长艺术，她是父亲一手培养起来的，非常优秀。

威尔士亲王很勤奋，在许多方面都很用功，他为公共利益——工业、艺术、科学和社会福利——努力工作。人们似乎要让他忠于古老的撒克逊人的座右铭——“我服务”。他非常受欢迎，特别和蔼可亲。他不在意他作为一个王子的尊严，但非常在意他作为绅士的尊严。这是正确的，因为国王会前赴后继，但优秀的英国绅士却会永存。没有革命能推翻它，没有公社能摧毁它，因为炸药于它毫无作用。

爱丁堡公爵（阿尔弗雷德王子）非常英俊，他不再随海军航行，而是在英国定居下来，他的妻子是已故沙皇的女儿。这次联姻证明，沙皇希望捐弃前嫌，让克里米亚战争“随风而去”。公爵像他父亲一样热爱音乐。他似乎没有任何机会扮演阿尔弗雷德大帝的角色，但或许他的小提琴比阿尔弗雷德大帝拉得更好。

石勒苏益格－荷尔斯泰因的克里斯琴王妃（海伦娜

---

① 维多利亚女王一共生有9位子女。其中第三个孩子爱丽丝公主已于1878年患白喉去世。作者在此描述的是维多利亚女王当时还在世的8位子女的归宿。——译者注

② 这里暗指长公主维多利亚的祖母肯特公爵夫人、父亲阿尔伯特亲王都是德国人。——译者注

公主）或许在性格和品味上最像她的母亲，她也过着平静的隐居生活。她是忠实的妻子和母亲，常常花时间和精力从事慈善和艺术事业。她也特别喜欢音乐，是个出色的钢琴家。女王一家对音乐的热爱深受他们祖先的遗传。即使是可怜、失明的老人乔治三世也会在失去王位和光明后用乐器给自己一丝安慰。

康诺特公爵，我们美国人依然很愉快地称他为“亚瑟王子”，是这个家庭真正的士兵，他在埃及取得了胜利。和他父亲一样，他有着严肃而又温柔的神情，他很受人们爱戴和尊重。

洛美侯爵夫人（路易丝公主）美丽端庄，但她的深情有点儿冷淡和骄傲。她是真正的贵妇人，非常聪明，多才多艺，特别是在艺术造型方面非常出色。

奥尔巴尼公爵（利奥波德王子）是这个家庭的学者。他在思想上和道德上更像阿尔伯特亲王，据说比他的任何一个兄弟都像。著名的马蒂诺博士曾告诉我，他曾经和王子见过面，谈过话，他善于思考，雄心勃勃，壮志凌云，知识渊博。因为马蒂诺博士不是英国国教的教士，是唯一神教的牧师，所以他如此赞美女王的爱子，我们不应该怀疑他这样做的目的是晋升，或为了活命。总之，女王陛下的儿子们都比她的 6 个皇叔优秀。

现在我们来看看女王最小的孩子比阿特丽丝公主。她父亲非常喜欢她，当他卧病在床时，她还很小，她“站

1875 年的维多利亚女王（奥地利历史学家、画家海因里希·冯·昂厄利绘）

1899 年的维多利亚女王（贝莎·穆勒绘）

1882 年的路易丝公主

1859年的比阿特丽丝公主（弗朗茨·克萨维尔·温特哈尔特绘）

比阿特丽丝公主与母亲
维多利亚女王的合影

在那里看着他”，惊叹他脸上的神秘变化。她与母亲形影不离，就像维多利亚公主与肯特公爵夫人一样。她多才多艺，和其他家族成员一样非常热爱音乐。她的父亲辞世时，她还是个婴儿。每次她天真地问起他父亲时，肯定会刺痛她母亲那颗受伤的心。然而，她那双可爱的小手肯定有助于将她的母亲从几乎将她吞噬的黑暗和绝望的深渊中拉出来。虽然她最小，她父亲已经托付别人好好照顾她，肯定有一双无形的手在引导着她，用无声的建议来启发她。因此，虽然比阿特丽丝公主的生活不像其他公主那样充满了欢乐和兴奋，但她那么“年轻漂亮”，谁也不能质疑她的幸福，因为幸福就是过一种尽职尽责和忠诚的生活。

现在我的这本小小的传记已经完成了，我必须告别我这位显赫的主人公，在想象中满怀敬意地“亲吻她的手”。我之所以不愿意离开，不是因为共和党人的谦卑，而是因为我不想把我的眼睛从友善的、现在已经非常熟悉的好女人——维多利亚女王——的脸上转向别处。